城市轨道交通职业技能鉴定培训系列教材

城市轨道交通职业技能鉴定培训系列教材

城市轨道交通列车调度员

韩小平　主　编

倪　硕　主　审

中 国 铁 道 出 版 社

2014 年 · 北京

内 容 简 介

本书是城市轨道交通职业技能鉴定培训系列教材之一，是根据城市轨道交通列车调度员岗位培训的要求，紧紧围绕以职业能力为核心的理念编写的。在编写过程中紧密结合了城市轨道交通列车调度员的工作实际和相关规定，系统地介绍了城市轨道交通列车调度员应掌握的相关知识与技能，其主要内容包括：城市轨道交通列车运行图、城市轨道交通行车组织的方法、列车调度指挥的基本技能、城市轨道交通施工检修管理规定、城市轨道交通应急处置的程序和方法、城市轨道交通行车事故处理的规定、城市轨道交通新线介入与试运营的方法以及城市轨道交通质量管理和班组管理等。

本书可供城市轨道交通列车调度员岗位培训和高职高专城市轨道交通运营管理专业教学使用，也可供该专业成人教育使用，还可供从事城市轨道交通运营工作的其他人员学习参考。

图书在版编目(CIP)数据

城市轨道交通列车调度员/韩小平主编 . —北京：

中国铁道出版社,2014.9

城市轨道交通职业技能鉴定培训系列教材

ISBN 978-7-113-18979-2

Ⅰ.①城… Ⅱ.①韩… Ⅲ.①城市铁路—轨道交通—

列车调度—职业技能—鉴定—教材 Ⅳ.①U239.5

中国版本图书馆 CIP 数据核字(2014)第 161201 号

书　　　名：城市轨道交通列车调度员
作　　　者：韩小平　主编

策　　　划：金　锋
责任编辑：悦　彩　　　　编辑部电话：010-63589185-3093　　　　电子信箱：yuecai@tqbooks.net
封面设计：时代澄宇
责任校对：马　丽
责任印制：李　佳

出版发行：中国铁道出版社（100054，北京市西城区右安门西街 8 号）
网　　　址：http://www.51eds.com
印　　　刷：三河市航远印刷有限公司
版　　　次：2014 年 9 月第 1 版　　2014 年 9 月第 1 次印刷
开　　　本：787 mm×1 092 mm　1/16　印张：10　字数：256 千
书　　　号：ISBN 978-7-113-18979-2
定　　　价：25.00 元

随着我国城市轨道交通行业的蓬勃发展，培养一支技能型、实操型、有一技之长的高级蓝领队伍，打造企业的脊梁型人才，已成为行业内的当务之急。同时，建立一套完善的职业技能鉴定体系，打通企业技能员工晋升通道，引导和激励员工爱岗学技，岗位成才，保持员工队伍的稳定，对企业具有至关重要的意义。

南京地铁集团有限公司和南京铁道职业技术学院依托联合成立的"地铁学院"一体化办学平台，整合双方优质资源，共同开展了城市轨道交通企业职业技能鉴定体系开发工作。在编制完成南京地铁各岗位职业标准、鉴定要素细目表、题库的基础上，以南京地铁运营实践和南京铁道职业技术学院城市轨道交通专业建设为基础，结合国内上海、广州等地铁公司培训教材开发的情况，推出了城市轨道交通职业技能鉴定培训系列教材。

这套教材的推出，是在城市轨道交通行业职业资格证书建设方面进行的一个尝试，旨在为我国城市轨道交通行业的职业教育发展探索一条可持续发展之路。

本系列教材力求在以下方面有所突破：

一是力求教材内容具有较强的针对性。根据岗位职业标准中的基础知识及技能要求，结合鉴定要素细目表，教材内容覆盖了各工种需掌握的完整知识点和技能，将理论知识和实际操作有机结合，力求符合实际工作要求，具有较强的实操性。

二是力求教材系统完整，系统之间有机衔接。教材力避职业标准中不连续、比较原则和简略等弊端，按照连接性和扩展性的知识和技能要求进行必要的细化和展开，使相关的技能和知识连成线、织成片；并注重各专业的有机衔接，补充必需的基础性、辅助性知识和技能，形成一个相对独立、有利于学员、学生学习的培训教材体系。

三是力求教材编排融合度高。根据对应职业标准中五个等级的内容及考核比重表的要求，按培训规范中对应培训科目的培训目标、培训内容、培训学时等要求，将五个等级的内容要求融合为一体进行编写。

四是力求教材通用性好。教材对各岗位通用的基础知识、专业基础知识编写形成统一的通用教材，供各岗位使用，确保通用知识内容的准确性，使员工在转岗时能适应多个岗位的学习需要。

五是力求教材适用性广。教材内容以南京地铁运营公司的技术装备和运营实践为主，同时，结合各地铁公司使用的设备和运营管理情况，保证教材除满足南京地铁培训需要外，还可供其他地铁公司作为培训教材参考使用，相互交流。同时，教材可满足高级、中级、初级不同级别员工的培训、学习需要，既可作为普及型教材，亦可作为高技能人才培养教学用书。

由于编写时间仓促，且城市轨道交通行业尚未形成国家统一的标准和体系，教材中一定有许多不妥之处，恳请读者和广大同行批评指正、补充完善。另外，在教材的编写过程中参阅了大量书籍、报刊、学术论文、网站等有关资料，虽已尽可能在参考文献中加以注明，但仍有可能存在遗漏，在此特别说明并致谢！

2014 年 8 月 8 日

城市轨道交通是一个庞大复杂的技术系统，包括了线路、车站、车辆、供电、通信、信号、自动售检票、屏蔽门等众多专业，涵盖了土建、机械、电器设备、电子信息、环境控制、运输组织等各个门类。为了保证城市轨道交通列车安全、正点运行，在集中调度、统一指挥的原则下，要求与运营有关的各部门、各专业、各工种之间按照统一的工作计划——列车运行图，协调一致地进行生产活动。因此对从业人员开展岗位培训及技能训练已成为城市轨道交通行业教育的重要任务。

城市轨道交通运营调度是城市轨道交通系统的核心，是保证城市轨道交通列车安全、正点、不间断运行的重要岗位。列车调度员通过对列车运行的监督，对偏离正常运行规定的列车通过各种手段进行调整，使其恢复按图行车的要求；对发生故障的列车或各类事故及时组织救援，使其造成的影响和损失降低到最低限度；对各类施工要进行组织和管理，不仅要求在规定时间内高质量完成施工任务，同时还要保证施工检修作业安全有序地开展。这些都要求列车调度员加强与行车相关人员（司机、车站值班员、车辆段信号楼调度等）的分工和配合，同时要求列车调度员要具备过硬的专业技能水平和应急处置能力。

本书根据城市轨道交通列车调度员岗位标准、鉴定要素细目表及培训规范进行编写，内容涵盖了城市轨道交通列车调度员工种五个等级知识和技能要求。本培训教材系统地介绍了城市轨道交通列车调度员应掌握的基本知识、技能和应急处置方法，其主要内容包括城市轨道交通列车运行图、城市轨道交通行车组织、列车调度指挥、城市轨道交通施工检修管理、城市轨道交通应急处置、城市轨道交通行车事故处理、城市轨道交通新线介入与试运营和城市轨道交通质量管理及班组管理等内容。城市轨道交通概论及

运营设备的相关知识已在通用教材中介绍,本教材不再重复叙述。本书不仅是城市轨道交通列车调度员工种岗位培训、技能鉴定的培训教材,也可以作为城市轨道交通大专院校、职业学校学生的教学参考用书。

本书在编写过程中汲取了相关教材的精华,紧密联系城市轨道交通列车调度员工作实际,其内容力求深入浅出,文字力求通俗易懂。在内容选择时,一方面紧密结合城市轨道交通列车调度员的具体工作内容,另一方面通过实际案例分析,提升列车调度员应变处置能力,具有较强的针对性。经过培训使学员能很快适应城市轨道交通列车调度员的日常工作,大大提高受训者的工作能力。

本书由南京铁道职业技术学院和南京地铁集团有限公司合作完成,由南京铁道职业技术学院韩小平任主编,南京地铁集团有限公司倪硕任主审。参加编写的有:南京铁道职业技术学院韩小平(第一章)、花修坤(第二、三、四章)、李宇辉(第五、六章)和白荣(第七、八章)。

本书在编写过程中,得到了上海申通地铁集团公司、广州地下铁道总公司有关专家的指导,在此谨表感谢!

由于编写时间仓促,编者水平有限,书中难免有错误和不妥之处,恳请读者批评指正。

编　者
2014 年 8 月

目录

第一章　城市轨道交通列车运行图

　　通过本章学习,使学员对城市轨道交通列车运行图有较全面的认识。要求学员掌握列车运行图的要素、编制方法和相关指标的计算方法,掌握实绩运行图的绘制方法。

第一节　列车运行图的表示方法及分类

　　列车运行图是轨道交通行车组织工作的综合性计划,是城市轨道交通及轻轨行车组织工作的基础,由它规定各次列车占用区间的顺序和时间、列车在各个车站的到发及通过时刻、区间运行时分、停站时分、折返站列车折返作业时分、列车出入车辆段时分、设备保养维修时分和司机作息时间等。列车运行图不仅把沿线各车站、线路、供电、车辆、通信信号等技术设备的运用联合成一个统一的整体,而且把所有与行车有关的部门和单位都组织起来,严格地按一定程序有条不紊地进行工作,从而保证列车安全、正点运行。

　　列车运行时刻表是根据列车运行图的规定,以表格的形式表示各次列车在车站到、发或通过的时刻。

一、列车运行图的图形表示方法

　　列车运行图是运用坐标原理对列车运行时间、空间关系的图解表示,因而实际上它是对列车运行时空过程的图解。在列车运行图上,对列车运行时空过程的图解可以有两种不同的形式。其一为以横坐标表示时间,纵坐标表示距离。这时,列车运行图上的水平线表示分界点的中心线,水平线间的间距表示分界点间的距离,垂直线表示时间。其二为以横坐标表示距离,纵坐标表示时间。这时,列车运行图上的水平线表示时间,垂直线表示分界点中心线,垂直线间的间距表示分界点间的距离。

　　某城市轨道交通列车运行图如图1-1所示。列车运行线与水平线的交点,就是列车在每个车站到、发或通过的时刻。所有表示时刻的数字,都填写在列车运行线与横线相交的钝角内。列车通过车站的时刻,一般填写在出站一端的钝角内。为区别不同的列车,如专运列车、客运列车、施工列车等,列车运行线分别采用不同的符号表示,并在每条运行线上标明列车的车次。

　　(1)纵坐标:表示时间变量,按要求用一定的比例进行时间划分。

　　(2)横坐标:表示距离分割,根据区间实际里程,采用规定的比例,以车站中心线所在位置进行距离定点(在实施设计运行图时,以区间运行时分来确定各车站中心线位置)。

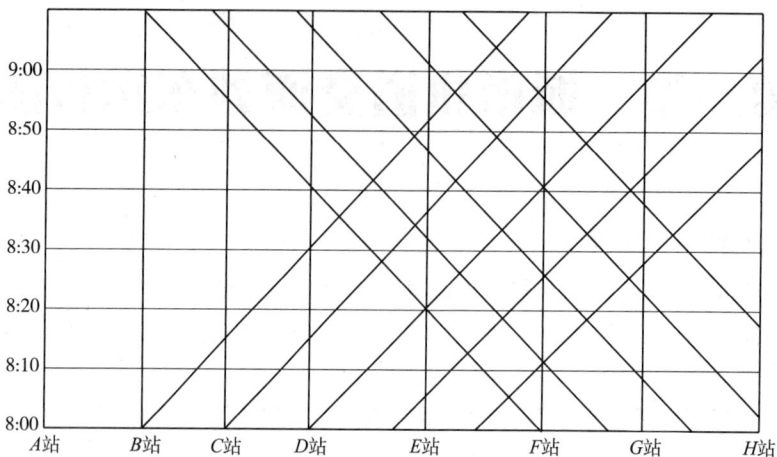

图 1-1　列车运行图

（3）水平线：是一族平行的等分线，表示时间等分段。

（4）垂直线：是一族平行的不等分线，表示各个车站中心线所在的位置。

（5）斜线：列车运行线，一般以上斜线表示上行列车，下斜线表示下行列车。

（6）在列车运行图上，列车运行线与车站的交点即表示该列车到达、出发或通过的时刻。由于城市轨道交通列车停站时间较短，一般不标明到、发不同时间。

（7）在列车运行图上，每个列车均有不同的车号与车次。一般按不同的列车类别规定代号与列车号，如专运列车、客运列车、施工列车等；按发车顺序编列车车次，上行采用双数，下行采用单数。ATC 方式运行时，采用列车运行目的地站代号编制。

为了适应使用上的不同需要，列车运行图按时间划分方法的不同，可有如下四种格式：

（1）一分格运行图。它的横轴以 1 min 为单位用细竖线加以划分，10 分钟格和小时格用较粗的竖线表示。

（2）二分格运行图（图 1-2）。它的横轴以 2 min 为单位用细竖线加以划分，10 分钟格和小时格用较粗的竖线表示。

（3）十分格运行图（图 1-3）。它的横轴以 10 min 为单位用细竖线划分，半小时格用虚线表示，小时格用较粗的竖线表示。

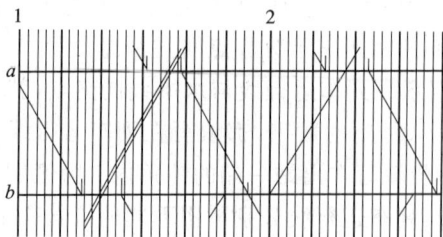

图 1-2　二分格运行图

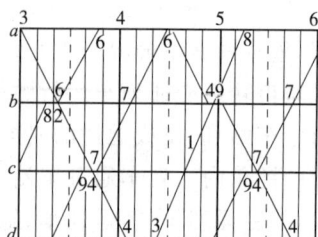

图 1-3　十分格运行图

（4）五分格运行图（图 1-4）。它的横轴以 5 min 为单位用竖线加以划分。五分格图主要在编制列车实绩图时使用。

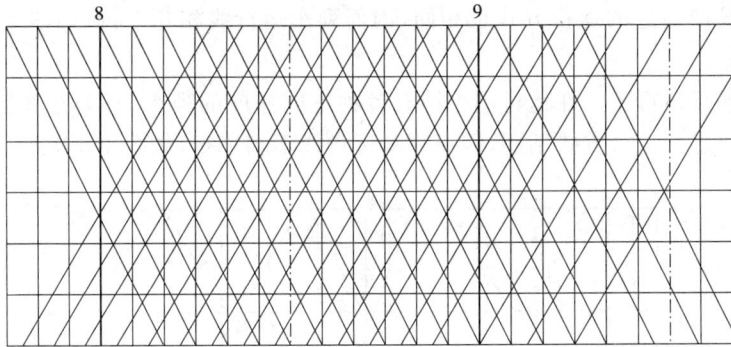

图 1-4 五分格运行图

二、列车运行图的分类

按使用范围以及线路的技术设备(如单线、复线)和列车运行速度、上下行方向的列车数量、列车的运行方式等条件,列车运行图可以分为多种不同类型的列车运行图。

1. 按照区间正线数分

(1)单线运行图。在单线区段,上下行方向列车都在同一正线上运行,因此,两个方向列车必须在车站上进行交会,如图 1-5 所示。

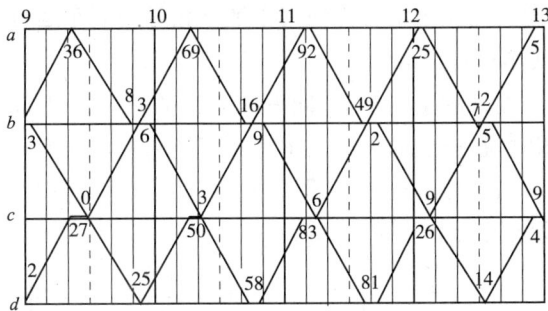

图 1-5 单线成对平行运行图

(2)双线运行图。在双线区段,上下行方向列车在各自的正线上运行,因此,上下行方向列车的运行互不干扰,可以在区间内或车站上交会。但列车的越行必须在车站上进行,如图 1-6 所示。

(3)单双线运行图。在有部分双线的区段,单线区间和双线区间各按单线运行图和双线运行图的特点铺画运行线,如图 1-7 所示。

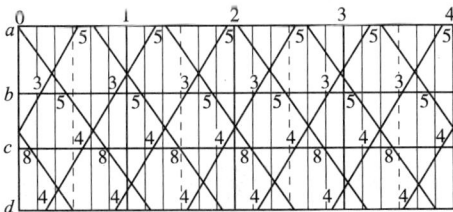

图 1-6 双线成对平行运行图

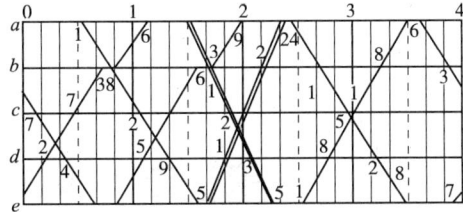

图 1-7 单双线运行图

2. 按照列车运行速度分

(1)平行运行图。在同一区间内,同一方向列车的运行速度相同,且列车在区间两端站的到、发或通过的运行方式也相同,因而列车运行线相互平行,如图1-5和图1-6所示。

(2)非平行运行图。在运行图上铺有各种不同速度的列车,且列车在区间两端站的到、发或通过的运行方式不同,因而列车运行线不相平行,如图1-8所示。

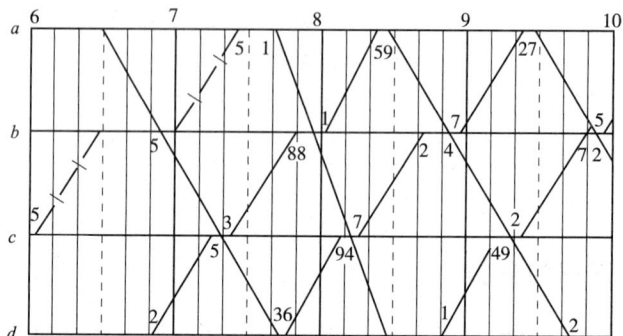

图1-8 单线非平行运行图

3. 按照上下行方向列车数分

(1)成对运行图。这是上下行方向列车数相等的列车运行图,如图1-5和图1-6所示。

(2)不成对运行图。这是上下行方向列车数不相等的列车运行图,如图1-9所示。

4. 按照同方向列车运行方式分

(1)连发运行图。在这种运行图上,同方向列车的运行以站间区间为间隔。单线区段采用这种运行图时,在连发的一组列车之间不能铺画对向列车,如图1-9所示。

(2)追踪运行图。在这种运行图上,同方向列车的运行以闭塞分区为间隔,在装有自动闭塞的单线或双线区段上采用,如图1-10所示。

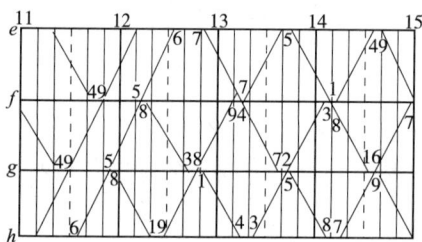

图1-9 单线不成对运行图

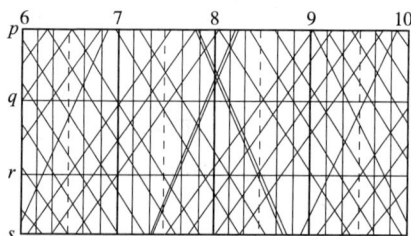

图1-10 双线追踪非平行运行图

应该指出,上述分类都是针对列车运行图的某一特点而加以区别的。实际上,每张列车运行图都具有多方面的特点,例如某一区段的列车运行图(图1-10),它既是双线的、非平行的,又是追踪的。

第二节 列车运行图的要素

列车运行图虽有各种不同的类型,但它总是由一些基本要素所组成的。因此,在编制列车运行图之前,必须首先确定组成列车运行图的各项要素。

列车运行图要素包括:最小行车间隔时间、列车在车站的停站时间、列车区间运行时分、列车运行折返方式与折返作业时间标准、列车运送速度、行车通过能力、列车编组与车辆配置和追踪列车间隔时间等。

一、最小行车间隔时间

缩短行车间隔时间可以减少乘客在站候车时间,有利于提高服务质量,增大对乘客的吸引力,也有利于减少列车编组辆数,节省工程投资。但是,缩小行车间隔时间受到多种因素的制约。

一般说来,行车间隔时间的极小值取决于信号系统、车辆性能、折返能力、停站时间等诸多因素,在有先进技术设备和足够工程投资作保证的前提下,停站时间往往成为最重要的制约因素,因为在高峰小时内,线路上个别车站的乘客集散量可能特别大,导致列车在该站的上、下车时间较长。一般来说,最长停站时间控制在 30 s 左右时,该线最小行车间隔时间可定为 2 min。按此可计算线路最大运输能力和编制列车运行时刻表,当然在列车运行秩序稍有紊乱时,信号系统和列车折返系统应有能力进一步缩短行车间隔时间,使列车运行秩序尽快恢复正常。

二、停站时间

列车停站时间长短服从于乘客乘降的需要,因而主要取决于车站的乘客集散量、车辆的车门数和座位布置以及车站的疏导与管理措施等。

由于乘客发生量在时间上的不均衡性以及乘客在列车各节车厢内分布的不均衡性,列车停站时间除了考虑旅客上、下车时间(据实测资料表明,每名乘客上、下车约需 0.6 s)和开关车门反应时间以及动作时间(约需 6 s)外,还应有一定的富余量。这往往使得列车停站时间成为列车最小行车间隔时间的制约因素,而且停站时间过长会降低列车旅行速度。因此,车站应采取积极的疏导和管理措施,包括列车上的报站广播等设施,让上、下车旅客提前做好准备,以免延误乘降。一般来讲,列车停站时间应控制在 30 s 以下。

有时,为更好地组织列车运行秩序和提高运用效率,列车在沿线不同车站也可考虑不同停站方式。譬如在早、晚高峰时间内,若客流集散地比较集中,就可以突破站站停车的方式,不停车通过某些客流量较小的车站,以加快旅客送达速度和列车的回空。

三、列车区间运行时分

列车区间运行时分是指列车在两相邻车站之间的运行时间标准,它由行车部门和车辆部门采用计算和实际试验相结合的方法进行查定。列车区间运行时分按车站中心线之间的距离计算。

由于列车运行上下行方向的线路平面、纵断面条件和列车重量有所不同,所以列车区间运行时分应按上下行方向分别查定。此外,列车区间运行时分还应根据列车在每一区间两个车站上不停车通过和停车两种情况分别查定。列车不停车通过两个相邻车站所需的区间运行时分称为纯运行时分。列车到站停车的停车附加时分和停站后出发的起动附加时分,应根据列车重量以及进出站线路平面、纵断面条件查定。例如:A—B 区间的上行纯运行时间 $t'' = 4$ min;下行纯运行时间 $t' = 5$ min;A 站和 B 站起动附加时间均为 1 min，即 $t_{起}^A = t_{起}^B = 1$ min；A 站和 B 站停车附加时间均为 0.5 min，即 $t_{停}^A = t_{停}^B = 0.5$ min，则 A—B 区间的运行时分可以缩写为：

上行：$4_1^{0.5}$ 下行：$5_{0.5}^1$

四、折返方式与折返时间

列车的折返首先涉及一个是否所有列车都在线路上全线运行的问题。由于各区间断面客流量一般是不均衡的，个别线路甚至相差较大。如果按照最大断面客流量开行一种列车，将使车辆客位利用率不高，造成一定程度的浪费。所以应视线路的具体情况采用长短交路相结合的组织方法，不仅提高列车和车辆运用效率，降低运营成本，避免了运能虚靡，同时还可给乘客带来极大方便。

短交路的起止点车站一般为中间折返站，如果线路一端客流特大时，短交路也可能在终端站折返。中间折返站的设置要考虑车站两端区间断面客流量的差别，同时还要顾及不同种类列车间客位利用率的均衡性。在短交路中，短途乘客会上长交路列车，但长途乘客不会上短交路列车，这种乘客心理会导致长交路列车负荷偏重，短交路的列车又较空闲，或者引起乘客在站台的多余滞留和不必要的换乘。因此，短交路不宜过短，而且同时开行的列车种类不宜超过两种。高峰时段内，为保证乘客不因误乘短交路列车而滞留在中间站台上，应适当减少短交路列车开行数量。

列车运行到终端站或对短交路而言列车运行到中间折返站时，要进行列车折返作业，列车折返方式根据折返线的布置可分为站前折返、站后折返等。

不同的折返布置形式，列车折返所需时间是不同的。折返时间受折返线的形式、列车长度、信号设备及驾驶员操作水平等诸多因素的影响。在所要求的列车行车间隔时间小于列车折返所需时间时，必须采取其他措施，如在折返线预置另一列车进行周转或在该站配备调车司机，避免原司机在折返线从车尾步行到车首，延长折返时间。

列车折返时间有纯折返时间和全折返时间两种。

纯折返时间是指列车从折返站一侧站台发车（开往折返线）时始，至完成折返到达另一侧站台时止的时间。

全折返时间是指列车从折返站一侧站台发车（开往折返线）时始，至折返后在另一侧站台上客完毕发车时止的时间（即包含在始发站停车等待上客的时间）。

五、列车运送速度

城市轨道交通的优越性之一就是列车运送速度快（约为公共汽车和无轨电车的两倍），可以大大节省乘客的旅行时间，并使车辆周转快，有利于减少车辆配备数，节省设备投资。

在实际工作中，通常把速度分为四个不同的概念，即运送速度、运行速度、技术速度和旅行速度。

运送速度是列车在运营线路上运载乘客时的速度（包括列车在各中间站的停站时间）。

运行速度是列车运行距离与对应的列车运行时间（扣除加减速附加时间和在站停车时间）之比。

技术速度则是在列车运行时间中扣除在站停车时间后计算所得。

旅行速度即指列车运营速度，它是列车在区段或线路内运行的平均速度。

列车技术速度与车辆性能、信号设备和线路条件等因素有关,但在技术速度既定的条件下,列车运送速度还与线路平均站间距密切相关,站间距短,则列车运送速度较低。其原因是站间距短,不仅列车运行速度受到限制,而且会增加总的停站时间和加减速附加时间。虽然站间距短可能减少乘客步行入站候车时间,但会延长乘客在列车上的旅行时间,并会大大增加投资和运营费用。国外,特别是欧洲早期修建的城市轨道交通,站间距一般偏短,最短的只有 400 m 左右,但近年来新建的城市轨道交通及轻轨线路站间距有变长的趋势,其范围大致是 800~2 400 m,平均为 1 600 m。

六、行车通过能力

轨道交通系统的通过能力指每小时通过线路的列车数,是一个综合指标,取决于线路技术条件、信号系统、车辆性能、折返能力、停站时间、乘客素质和管理水平等诸多因素。根据客流量的需要,通过能力一般可按每小时 20~30 对考虑,即行车间隔时间为 2~3 min,必要时应预留进一步缩小行车间隔的潜力。

七、列车编组与车辆配置

根据系统的设计客运量、车辆定员数和通过能力,可计算出车辆运行的编组方式。高峰时段内每班次列车的平均载客量应为系统设计客运量与通过能力之比。由每班次列车的平均载客量除以车辆定员数,便可分别得到列车的编挂车数。至于车辆定员数,目前一些发达国家的轻轨、城市轨道交通运营计划按站立 4~6 人/m² 标准来考虑。结合我国具体国情,人口多,乘车难,舒适度不能要求过高,站立标准可按 6 人/m² 定员,考虑超员情况,按 9 人/m² 确定为宜。

由线路长度、设计客流量、列车载客量和与之相应的行车间隔及列车在终点站的折返时间,并假定高峰期间列车采取全程运行方式,便可推算出运行列车数。配置车辆总数应按适当比例考虑备用车数和检修车数,以保证客运工作的正常进行。

八、追踪列车间隔时间

1. 追踪列车间隔时间的意义

在自动闭塞区段,一个站间区间内同方向可有两列或两列以上列车,以闭塞分区间隔运行,称为追踪运行。追踪运行列车之间的最小间隔时间,称为追踪列车间隔时间 I,如图 1-11 所示。追踪列车间隔时间,决定于同方向列车间隔距离、列车运行速度及信联闭设备类型。

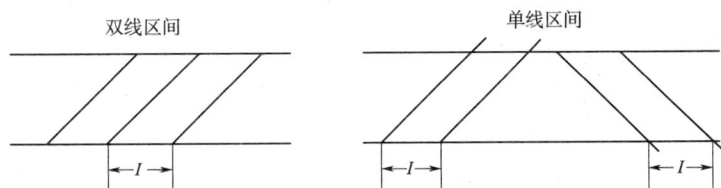

图 1-11　追踪列车间隔时间图

2. 移动自动闭塞追踪列车间隔时间计算原理

移动自动闭塞是在确保行车安全前提下,以使追踪列车间的间隔达到最小为目标，以车站控制装置和机车控制装置为中心的一个闭塞控制系统。在这一系统下，区间内运行的每一列车均与前方站的中心控制装置周期性地保持高可靠度的通信联系；车站中心控制装置接到列车信息后，根据列车牵引特性曲线及区间相关参数，解算出每一追踪列车的允许最大运行速度发送给列车，而对于接近进站的列车，则根据调度命令发出该列车进站及进入股道等信号。移动自动闭塞系统在我国已取得一定的研究成果。

采用移动自动闭塞系统可以有效地压缩追踪列车间隔时间，提高区间通过能力。在移动自动闭塞区间，追踪列车间隔时间如图 1-12 所示。据此，在区间内运行的追踪列车间隔时间 $I_{追}$ 可按下式计算：

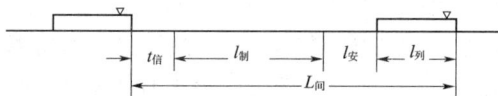

图 1-12　移动自动闭塞追踪列车间隔图

$$I_{追}=0.06\,\frac{l_{制}+l_{列}+l_{安}}{v_{运}}+t_{信}\quad（min）$$

式中　$l_{制}$——列车制动距离，m；

　　　$l_{安}$——系统安全防护距离，m；

　　　$t_{信}$——列车动态信息传输时间，min；

　　　$l_{列}$——列车长度，m。

第三节　列车运行图的编制

一、列车运行图的编制要求和步骤

城市轨道交通列车均为可载客列车，在车站只进行乘客上下车的客运作业，而且不存在车辆解体、编组和车辆技术作业及跨线运输等问题，列车行车密度较高。

在新线开通或线路客流量、技术设备和行车组织方式发生变化时都需编制列车运行图。其编制要求和步骤如下：

1. 编图要求

(1)保证列车运行的安全。

(2)迅速、便利地运送旅客，最大限度地节约旅客在途时间，包括在站候车、随车运行及中转换乘等。

(3)充分利用线路通过能力，经济合理地使用车辆设备，安排施工维修时间。

(4)保证列车运行与车站客运作业过程的协调。

(5)合理安排乘务人员作息时间。

2. 编图步骤

(1)按编制要求和目标确定编制的注意事项。

(2)收集编图资料，对有关问题组织调查、研究和试验。

(3)总结分析现行列车运行图的完成情况和存在问题，提出改进意见。

(4)确定全日行车计划。

(5)计算所需运用列车数量。

(6)计算运行图所需的各项基础数据。

(7)确定列车运行图草图。

(8)听取行车相关部门和车辆部门的意见,对列车运行方案进行调整。

(9)根据列车运行方案编制列车运行图、列车运行时刻表和执行说明。

(10)全面检查列车运行图的编制质量,计算列车运行图的各项指标。

(11)将编制完毕的列车运行图、时刻表和执行说明上报审核,经批准后执行。

二、列车运行图的编制方法

(一)客流调查与分析

1. 客流分析

城市轨道交通的客流是动态性质的,它因时因地而变化,但这种变化归根结底是有关地区的社会经济活动、生活方式以及轨道交通系统本身特点的反映。

在轨道交通系统运营过程中,对客流动态实行经常的监督和系统的分析,掌握客流现状与客流变化规律是轨道交通系统行车组织工作和客运组织工作得以顺利进行的前提。

分析轨道交通系统客流的动态性质及和运营组织的关系,客流主要有以下四种变化:

(1)小时客流量在一日内的变化

小时客流量是用以确定城市轨道交通出入口、通道等设备容量的基础数据,尤其是在计算全日行车计划和车辆配备计划时。

小时客流量随城市生活的节奏变化在一日之内呈起伏波状图形,夜间客流量稀少,黎明前后渐增,上班或上学时间达到高峰,以后客流渐减,至下班或放学时间又出现第二个高峰,进入晚间客流又逐渐减少,如此起伏骤增骤减,显示了程度不同的客流规律。

全日分时最大断面客流量是确定轨道交通系统全日行车计划和车辆配备计划的基础数据。

车站单向高峰小时客流量是确定车站出入口、楼梯、售检票设备数量、计算站台、楼梯、通道宽度和配备车站定员的依据。当车站设备的数量、容量不够时,会给行车秩序、站厅秩序、乘车秩序和乘客的安全带来不利的影响。

小时客流量的分析不准,也会给行车、乘降工作带来不利影响。必须指出,在高峰小时内客流分布也是不均衡的,一日内小时客流量的调查资料显示,还存在着一个 20 min 左右的超高峰期,这个因素应加以注意。

(2)全日客流量在一周内的变化

由于人的活动规律是以周为循环的,双休日大多数人休息在家,在以通勤、通学客流为主的轨道交通线路上,客流量有所减少;而在连接商业网点、旅游景点的轨道交通线路上,客流量有所增加。全日客流量在一周之内呈有规律性的变化。从运营经济性考虑,应根据不同的客流量在一周内实行不同的全日行车计划。

另外,星期一的早高峰时段和星期五的晚高峰时段客流量,均高于一周内的其他相应高峰时段客流量。在节假日的前、后一天也存在类似客流量的增减。为适应这种短期内客流的变化,运营部门要制定相应的措施。

(3)客流的不均衡性

主要有以下三个方面(设 α 为不均衡系数):

①上下行客流的不均衡系数 α_1

$$\alpha_1 = \frac{\max(A_{max}^{\text{上}}、A_{max}^{\text{下}})}{(A_{max}^{\text{上}} + A_{max}^{\text{下}})/2}$$

式中 $A_{max}^{\text{上}}$、$A_{max}^{\text{下}}$——分别为上行、下行最大断面客流量,人。

当 α_1 较大时,即在上下行方向最大断面客流量不均衡的情况下,直线走向(需要折返)的轨道交通线路要做到经济合理地配备运力比较困难,而在环形轨道交通线路上则常采用内外环线路安排不同运力的方法来解决,即在环线轨道交通上可分别上下行安排不同的运力与此相适应。

②断面客流的不均衡系数 α_2

$$\alpha_2 = \frac{A_{max}}{\sum A_i / n}$$

式中 A_{max}——单向最大断面客流量,人;

A_i——单向断面分时客流量,人;

n——轨道交通所设区间数量。

当 α_2 较大时,即在断面客流量不均衡时,运营部门常采用在客流量较大的区段加开区段列车的措施,但在行车密度很大的情况下,加开列车会有一定难度,而且加开区段列车对运营组织和车站折返设备都会提出新的要求。

③分时客流的不均衡系数 α_3

$$\alpha_3 = \frac{A_{max}}{\sum A_i / h}$$

式中 A_{max}——单向最大断面客流量,人;

A_i——单向断面分时客流量,人;

h——城市轨道交通全日营业小时数,h。

当 α_3 较大时,即在分时客流不均衡时,为达到运输组织的合理和运营的经济性的目的,运营部门可考虑采用小编组、高密度的行车组织方式,即在客流高峰时间段开行较多的列车以满足运输需求,而在客流低谷时间段则减少开行列车数以提高车辆平均满载率。

(4)客流量的其他变化

首先是客流量的季节性变化,旅游旺季,由于城市中流动人口的增加,会给轨道交通系统带来较大的运输压力。此外,在节假日、逢到举行重大政治、商务集会或文体活动以及一些经济因素等都会引起有关轨道交通线路的客流量激增。当客流量在短期内增加幅度较大时,轨道交通运营部门要针对某些作业组织环节、某些设备的运用方案做出局部性的调整措施,以适应一定时期的客流特征。

应该看到,除了上述客流的不均衡性外,轨道交通的各停车点的乘降客流量也是不均衡的。此外,新的交通设施投入运营、新的居住区形成规模等,又会使上述的不均衡增加了起伏波动性。这种客流性质的变化是客流分析的重点,因为客流的变化对轨道交通运营组织带来了新的要求。

运输计划是轨道交通系统运营组织的基础工作之一。从社会服务效益看,轨道交通系统应充分发挥运量大和服务有规律的特点,安全、迅速、正点和舒适地运送乘客。从企业经济效益看,轨道交通系统的运营应实现高效率和低成本。为了达到这个目标,轨道交通系统的运输组织必须以运输计划作为基础,即根据客流的特点,合理编制运输计划,合理调度指挥列车运行,实现计划运输。

2. 客流计划

客流计划是对运输计划期间轨道交通线路客流的规划。它是全日行车计划、车辆配备计划和列车交路计划编制的基础。在新线投入运营的情况下,客流计划根据客流预测资料进行编制;在既有运营线路的情况下,客流计划根据客流统计资料和客流调查资料进行编制。客流计划的主要内容包括站间到发客流量,各站方向别上下车人数,全日、高峰小时和低谷小时的断面客流量,全日分时最大断面客流量等。

客流计划以站间到发客流量资料作为编制基础,分步计算出各站上下车人数和断面客流量数据。表1-1是一条有8座车站轻轨线路的站间到发客流量斜表,根据站间到发客流量资料可以计算出各站上下车人数,见表1-2。根据各站上下车人数又可计算出断面客流量数据,见表1-3。

在客流计划编制过程中,高峰小时的断面客流量可以通过高峰小时站间到发客流量资料来计算,也可以通过全日站间到发客流量资料来估算。在用全日站间到发客流量资料时,在求出全日断面客流量数据后,高峰小时的断面客流量按占全日断面客流量的一定比例来估算,比例系数的取值可通过客流调查来确定。

表 1-1　站间到发客流斜表　　　　　　单位:人

发 \ 到	A	B	C	D	E	F	G	H	计
A		7 019	6 098	7 554	4 878	9 313	12 736	23 798	71 396
B	6 942		1 725	4 620	3 962	6 848	7 811	16 538	48 446
C	5 661	1 572		560	842	2 285	2 879	4 762	18 561
D	7 725	4 128	597		458	1 987	2 822	4 914	22 631
E	4 668	3 759	966	473		429	1 279	3 121	14 695
F	9 302	7 012	1 988	2 074	487		840	5 685	27 388
G	12 573	9 327	2 450	2 868	1 345	1 148		2 133	31 844
H	22 680	14 753	4 707	5 184	2 902	5 258	2 015		57 499
计	69 551	47 570	18 513	23 333	14 874	27 268	30 382	60 951	292 460

表 1-2　各站上下车人数　　　　　　单位:人

下行上客数	下行下客数	车站	上行上客数	上行下客数
71 396	0	A	0	69 551
41 504	7 019	B	6 942	40 551
11 328	7 823	C	7 233	10 690

下行上客数	下行下客数	车站	上行上客数	上行下客数
10 181	12 734	D	12 450	10 599
4 829	10 140	E	9 866	4 734
6 525	20 862	F	2 063	6 406
2 133	28 367	G	29 711	2 015
0	60 951	H	57 499	0

表 1-3　各区间断面客流量　　　　　　　　　　　　　单位:人

下行	区间	上行
71 396	A—B	69 551
105 881	B—C	103 160
109 386	C—D	106 635
106 833	D—E	104 784
101 522	E—F	99 652
87 185	F—G	85 195
60 951	G—H	57 499

3. 全日行车计划

全日行车计划是营业时间内各个小时开行的列车对数计划,它规定了轨道交通线路的日常作业任务,是科学地组织运送乘客的办法。它又是编制列车运行图,计算运营工作量和确定车辆配备数的基础资料。全日行车计划是根据营业时间内各个小时的最大断面客流量,列车定员人数和车辆满载率以及希望达到的服务水平综合考虑编制的。

(1)营业时间

轨道交通系统营业时间的安排主要考虑了两个因素:一是方便乘客,满足城市生活的需要,即考虑城市居民出行活动特点;二是满足轨道交通系统各项设备检修养护的需要。

(2)全日分时最大断面客流量

全日分时最大断面客流量,可在求出高峰小时断面客流量的基础上,根据全日客流分布模拟图来确定。

(3)列车定员数

列车定员数是列车编组辆数和车辆定员数的乘积。列车编组辆数是以高峰小时最大断面的客流量作为基本依据。在一定的客流量情况下,采用缩短行车间隔时间,而不增加列车编组辆数的办法也能达到一定的运能,但在行车密度已经很大的情况下,为满足增长的客流需求,增加列车编组辆数往往成为采用的措施。这时,能否增加列车编组辆数,无疑和轨道交通系统保有的运用车辆数量有关。当然增加列车编组辆数也不是无限度的,它会受到车站站台长度、车辆段停车线长度和数量等因素的限制。

车辆定员的多少取决于车辆的尺寸、车厢内座位布置方式和车门设置数。一般的说,在车辆限界范围内,车辆长宽尺寸越大载客越多,车厢内座位纵向布置较横向布置载客要多,车厢内车门区较座位区载客要多。

(4)线路断面满载率

线路断面满载率是单位时间内,通常是早高峰小时,通过最大客流断面的车辆载客能力被利用的百分数。它的计算公式如下:

$$\beta = (P_{max}/C_{max}) \times 100\%$$

式中　β——线路断面满载率;

P_{max}——单向最大断面客流量,人;

C_{max}——高峰小时线路输送能力,人。

考虑线路断面满载率这个指标主要是为了在高峰小时,通过车辆在部分区间超载来提高列车利用率和运营的经济性。当然,满载率也是衡量乘客舒适程度的一个指标。

(二)车站中心线的确定方法

在运行图上,以横线表示车站中心线的位置,它可有下列两种确定方法:

(1)按区间实际里程的比率确定,即按整个区段内各车站间实际里程的比例来确定横线位置。采用这种方法时,运行图上的站间距离完全反映实际情况,能明显地表示出站间距离的大小。但由于各区间线路平面和纵断面互不一样,列车运行速度有所不同,这样列车在整个区段的运行线往往是一条斜折线,既不整齐,也不易发现列车区间运行时分上的差错,所以一般不采用这种方法。

(2)按区间运行时分的比率确定,即按整个区段内各车站间列车运行时分的比例来确定横线位置。采用这种方法时,可以使列车在整个区段的运行线基本上是一条斜直线,既整齐美观,也易于发现列车区间运行时分上的差错,所以一般采用这一方法。如图 1-13 所示,A—B 区段下行方向货物列车运行时分共计为 170 min,采用这一方法确定横线位置时,首先确定技术站 A、B 的位置,然后在代表 A 站的横线上任取一点 A,并以 A 点所对应的时间为原点,在代表 B 站的横线上向右截取相等于 170 min 的 BF 线段,得 F 点,同时按 Aa、ab、bc、cd 和 dB 区间的列车运行时分,将 BF 线段划分为五个时间段,连接 A、F 两点,得一斜直线。过五个时间段端点作垂直线,在 AF 斜直线上可得交点,过各该交点作水平线,即为代表 a、b、c、d 车站的横线。

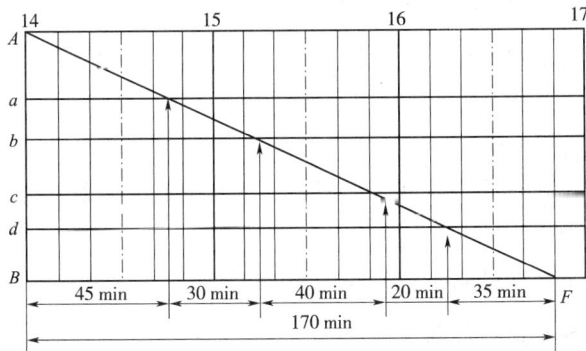

图 1-13　按区间运行时分比率确定车站位置示意图

(三)计算列车单程旅行时间

列车单程旅行时间等于单程各区间列车运行时间加沿途各车站停站时间之总和。由于上、下行单程旅行时间不一定相同,须分别计算作为在列车运行图上铺画上、下行列车运行线的依据。

例如,某运营线路 $A—M$,列车在区间运行时间(含列车起停车附加时间)和沿途各站停站时间如图 1-14 所示。

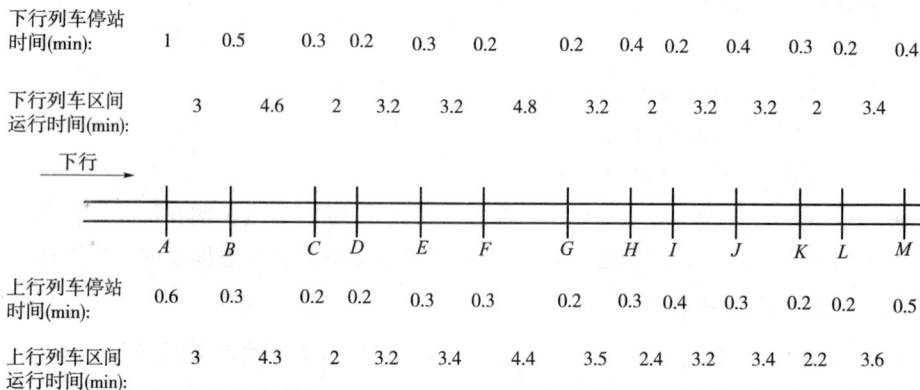

下行列车停站
时间(min): 1　0.5　0.3　0.2　0.3　0.2　0.2　0.4　0.2　0.4　0.3　0.2　0.4

下行列车区间
运行时间(min): 3　4.6　2　3.2　3.2　4.8　3.2　2　3.2　3.2　2　3.4

下行 →

A　B　C　D　E　F　G　H　I　J　K　L　M

上行列车停站
时间(min): 0.6　0.3　0.2　0.2　0.3　0.3　0.2　0.3　0.3　0.2　0.2　0.5

上行列车区间
运行时间(min): 3　4.3　2　3.2　3.4　4.4　3.5　2.4　3.2　3.4　2.2　3.6

图 1-14　列车在某运营线路 $A—M$ 的区间运行时间和沿途各站停站时间

由图 1-14,某运营线路 $A—M$ 下行列车的单程旅行时间($T_{旅}^{下行}$)计算如下:

$$T_{旅}^{下行} = \sum T_{运}^{下行} + \sum t_{停站}^{下行}$$
$$= (3+4.6+2+3.2+3.2+4.8+3.2+2+3.2+3.2+2+3.4) +$$
$$(1+0.5+0.3+0.2+0.3+0.2+0.2+0.4+0.2+0.4+0.3+$$
$$0.2+0.4) = 42.4(\text{min})$$

同理,该运营线路 $A—M$ 上行列车的单程旅行时间($T_{旅}^{上行}$)计算如下:

$$T_{旅}^{上行} = \sum T_{运}^{上行} + \sum t_{停站}^{上行}$$
$$= (3+4.3+2+3.2+3.4+4.4+3.5+2.4+3.2+3.4+2.2+3.6) +$$
$$(0.6+0.3+0.2+0.2+0.3+0.3+0.2+0.3+0.4+0.3+$$
$$0.2+0.2+0.5) = 42.6(\text{min})$$

(四)计算列车运行图的运行周期

列车运行图的运行周期($T_{周}$)就是列车运行交路所需时间,它等于上、下行列车旅行时间与两端折返站折返时间之和。即:

$$T_{周} = T_{旅}^{上行} + T_{旅}^{下行} + \sum T_{折} \qquad (\text{min})$$

式中　$T_{旅}^{上行}$——上行列车旅行时间(包括上行列车在各区间运行时间和各站停站时间);

　　　$T_{旅}^{下行}$——下行列车旅行时间(包括下行列车在各区间运行时间和各站停站时间);

　　$\sum T_{折}$——列车在两端站折返时间之和。

(五)计算平均列车运行间隔时间

根据小时段在正线上运营的列车数,可以算出平均列车运行间隔。

例如,根据高峰小时段 7:00~8:00 的客流需求,$A—M$ 下行方向需开行列车 16 列,则 7:00~8:00 的平均列车运行间隔是:

$$I_{间隔}^{下行} = \frac{60}{16} = 3.75(\text{min})$$

(六)列车识别号的组成

以南京城市轨道交通 1 号线为例,列车识别号一般由两部分组成,即:目的地码+车次;列车车次一般由服务号和序列号组成。如列车识别号为 403_1602,其中"403"表示目的地码;"1602"表示车次,车次中"16"表示服务号,"02"表示序列号,一般上行方向为偶数,下行方向为奇数。

(七)列车运行线的图示

列车运行图上的列车运行线按其列车运行方向的规定可分为上行列车运行线和下行列车运行线。上行列车运行线是由左下角向右上角铺画的斜直线,而下行列车运行线是由左上角向右下角铺画的斜直线。

(八)列车运行交路的图示

列车到达终到站后,在满足图定列车折返作业时间标准的基础上,应画出该列车就近折返的列车运行线(含车次号和始发站时刻),将列车终到时刻与折返列车运行线间用线段相连接就是本次列车在该终到站的列车运行交路图示(图 1-15)。

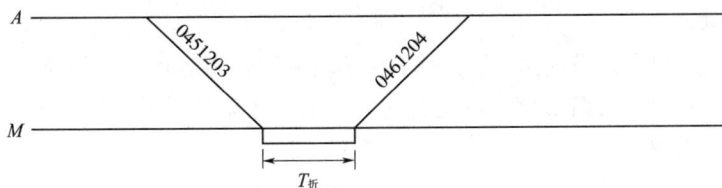

图 1-15 列车运行交路图示

三、列车运行图编制质量的检查

列车运行图编完后,必须对运行图的编制质量进行全面的检查。检查的主要内容如下:

(1)上、下行的首、末端车站载客列车在站的开车时间是否符合运营时间的规定。

(2)运行图上铺画的载客列车和空驶列车是否符合要求。

(3)列车运行图上铺画的列车数和折返列车数是否符合要求。

(4)各时段列车运行间隔是否符合高峰及低谷客流时段的运能要求。

(5)列车运行线的铺画是否符合规定的各项时间标准。

(6)列车在车站折返时,同时停在折返线的列车数是否超过该站折返线数。

(7)列车司机的工作和休息时间是否符合规定的时间标准。

(8)换乘站的列车到发密度是否均衡。

(9)出库列车、回库列车与正线运行列车是否存在干扰。

四、列车运行图的指标计算

在检查并确认列车运行图完全满足规定的要求后,应计算列车运行图的各项指标。

1. 开行列车数量

凡列车在运营线路上行驶一个单程,无论是全程行驶还是短交路折返,均按一列计算。

$$开行列车数＝载客列车数＋空驶列车数$$

2. 技术速度

技术速度是列车在运行线路上运行(不包括列车在中间站的停站时间)的速度。列车在各区间运行的时间包括列车起动加速、在区间运行、慢行以及制动停车的时间，不包括城市轨道交通列车在运营线路上停站时间和列车在线路两端的折返停留时间。

$$技术速度＝运营线路长度/(单程行驶时间－中途停站时间)$$

3. 运送速度

运送速度是列车在运营线路上运载乘客时的速度(包括列车在各中间站的停站时间)，即：

$$运送速度＝运营线路长度/单程行驶时间$$

4. 运行速度

运行速度是列车运行距离与对应的列车运行时间(扣除加减速附加时间和在站停车时间)即：

$$运行速度＝列车运行距离/列车纯运行时间$$

5. 旅行速度

旅行速度即列车运营速度，它是列车在区段或线路内运行的平均速度，即：

$$旅行速度＝运营线路长度/(纯运行时间＋起停车附加时间＋中途停站时间)$$

6. 客运周转量

客运周转量是指报告期内乘客乘坐里程的总和。

$$客运周转量＝\sum(入闸机检票次数)×平均运距$$

7. 满载率

满载率是指报告期内运营列车运载乘客的平均满载程度，即客运周转量与客位里程之比，表示车辆客位的利用程度。

$$满载率＝(客运周转量/客位里程)×100\%$$

8. 客位数

客位数是指运营车辆的额定载客量。

$$客位数(客位)＝乘客座位数＋(车辆有效站立面积×每平方米允许站立人数)$$

客车有效站立面积允许站立人数暂按 6 人/m^2 计算。

9. 高峰小时运用列车数

按早高峰和晚高峰分别计算高峰小时运用列车数。

10. 全日车辆总走行公里

轨道交通车辆为运送乘客在运营线路上所走行的里程,包括图定的车辆空驶里程和由于某种原因列车在中途清人或列车在少数车站通过后仍继续载客的车辆空驶里程。

$$全日车辆总走行公里＝\sum(旅客列车数×列车编成辆数×列车运行距离)$$

五、列车运行图的使用

1. 列车运行图使用前的准备工作

为了评价新运行图的质量,除了计算新运行图的各项指标外,还应与现行运行图进行比较,分析各项指标提高或降低的原因。列车运行图经批准后,为保证新运行图能按时正确地实行,必须组织有关员工认真学习新运行图,制定保证实现新运行图的措施,并按时做好实行新运行图前的各项准备工作:

(1)发布有执行新运行图的命令。

(2)印制并颁布列车运行图及列车运行时刻表。

(3)公布新旧旅客列车交替办法及注意事项。

(4)组织学习,使职工了解、熟悉新图规定的要求。

(5)拟定实现新图的技术措施。

(6)及时做好车辆和司乘人员的调配工作。

2. 公布列车时刻表

在铺画好列车运行图后,应编制列车时刻表。编制列车时刻表的依据是列车运行图及各区间上、下行列车运行时间和沿途各车站列车停站时间标准。简易列车时刻表可人工编排,实施自动监控的列车运行图其列车时刻表可使用计算机编排,并作为生成列车运行图使用。列车时刻表可分为载客列车和出入场空驶列车两大部分,先编排载客列车,而且上、下行载客列车时刻表编在一起,然后再编排出入场的空驶列车时刻表。各车站接到列车时刻表后,应在实施新的列车运行图之前,将首、末班载客列车时刻及换乘时刻对外通告。

第四节　列车实绩运行图的铺画和调度工作统计

一、实绩运行图的作用

列车运行实绩图,则是记载一条运营线路内列车运行实际情况以及列车运行有关事项的图表。

1. 列车实绩运行图的作用

(1)通过画出的列车实绩运行图与计划时刻表比较,反映列车运行的质量。

(2)通过列车实绩运行图,可以及时发现问题,便于提早考虑采取必要的调整措施。

(3)作为计算列车运行指标的依据。

(4)列车实绩运行图是分析列车运行情况,不断提出改进意见的重要资料。

2. 列车实绩运行图的铺画规定

(1)列车及工程车开行均须绘画列车实绩运行图。

(2)列车实绩运行图按下列要求画出:

①列车调度员根据各报点站和车报告的列车到、发(通过)时刻,画出列车实绩运行图。

②对列车、工程车或其他列车,运行图符号分别表示。

二、列车运行记录

1. 列车运行线的表示

列车运行线的表示见表1-4。

表 1-4　列车运行线的表示

序号	列车种类	表示方法	图例
1	列车	红色实直线	———————
2	接触网检查及轨道车	黑色实直线加蓝圈	———○———
3	出入段列车、回空列车	红色实直线加红框	———□———
4	救援列车	红色实直线加红叉	———✕———
5	调试列车	蓝色实直线	———————
6	工程车	黑色实直线	———————
7	临时客运列车	红色分段直线加红色实直线	——┤├——
8	专列	红色虚线	-------

2. 运行图符号

(1)列车始发　⊗ —— 站名线

(2)列车终到　⊗ ↓ 站名线

(3)列车折返 —— □ —— 站名线

(4)列车在区间停车 —— 站名线 / 站名线

(5)列车在站通过 ——— 站名线

(6)列车早点划红圈,在圈内用红笔记早点时分　⊗ ⊗ 站名线

(7)列车晚点划蓝圈,在圈内用蓝笔记晚点时分　⊗ ⊗ ↓ 站名线

(8)列车运行中发生不正常情况时,在列车实绩运行图记事栏内注明。

三、列车运行指标的计算

运营结束后,还应计算列车运行的指标,统计相关数据,作为分析、考核调度工作的质量,不断提高调度工作水平,更好的服务城市轨道交通运输。

(一)列车运行指标计算的项目

(1)列车计划及实际开行列数。

(2)列车正点率。

(3)运行图兑现率。

(4)列车运营里程。

(二)列车运行指标计算方法

1. 列车计划数

列车计划数是指报告期内城市轨道交通列车运行图规定开行的列车数,包括空驶列车数和载客列车数。其中,为运营开行的不载客列车数为空驶列车数。

2. 实际开行列车数

实际开行列车数是指报告期内城市轨道交通为运送乘客而实际开行的列车数。包括空驶列车数和载客列车数。其中,为运营开行的不载客列车数为空驶列车数。列车在运营线路上行驶一个单程,不论线路长短,是全程或是区间,均作一列次计算。

3. 列车正点率

列车正点率是指正点列车数与总开行列车数的比率。用以表示运营列车按规定时间正点运行的程度。

$$列车正点率 = \frac{正点列车次数}{全部开行列车次数} \times 100\%$$

计算方法:列车正点率分为始发正点率和到达正点率。凡按客流变化而抽线或加开列车、准点始发、准点终到的列车都统计为正点列车数。早点或晚点不超过规定时间的也按正点统计。

列车正点统计的标准:

(1)凡按列车运行图图定车次、时间准点始发、终到的列车全部统计为正点列车数。早点或晚点不超过各城市轨道交通公司规定的时间按正点统计。

(2)由于客流变化而抽掉部分列车,调度员采取措施对部分列车调点时,该部分列车按正点统计。

(3)列车到、发、通过时刻的确认:

①到达时刻以列车在规定位置停稳为准。

②出发时刻以列车由车站前进起动时为准。

③通过时刻以列车最前部通过站线规定位置为准。

(4)排队晚点:算第一列以后无附加晚点,按正点计算。

(5)临时加开列车按正点统计。

4. 运行图兑现率

运行图兑现率指报告期内实际开行列车数与运行图图定开行列数的比率。用以表示运行图兑现的程度。

$$列车运行图兑现率 = \frac{实际开行列车数}{运行图图定开行列车数} \times 100\%$$

在计算中,实际开行的列车数不包括临时加开的列车数。

5. 列车运营里程

列车运营里程指报告期内运营列车为运营在线路上行驶的全部里程。包括载客里程和空驶里程。

$$运营里程 = 载客里程 + 空驶里程$$

在计算运营里程时,采用"属线"原则。即运营列车在哪条运营线路上行驶,相应的行驶里程计入哪条线路。

其中,载客里程为报告期内运营列车为运营业务在线路上的载客行驶里程;空驶里程指报告期内为运营业务在线路上的空车行驶里程。

四、调度工作的统计

1. 列车指标统计分析

在运营结束后,列车统计的内容如下:

①计划开行列数。

②实际开行列数。

③运行图兑现率。

④救援列次。

⑤清客列次。

⑥下线列次。

⑦晚点列数。

⑧列车运行正点率。

⑨运营里程(列公里)。

⑩抽线列数。

⑪加开列数。

对晚点列车进行分析,晚点原因分为车辆故障、线路故障、供电故障、通信故障、信号故障、客流过多、调度不当、其他等方面。

2. 客流指标统计分析

在运营结束后,客流统计的内容如下:

①客运周转量。

②满载率。

③客位数。

④乘客密度,指报告期内城市轨道交通列车在运营中,平均每列车载有的乘客人数。

⑤断面客流量,指报告期内同一方向通过某一区段的乘客数量。

城市轨道交通常用指标是高峰小时最大断面客流量和全日分时最大断面客流量。

在轨道交通系统运营过程中,对客流动态实行经常的监督和系统的分析,掌握客流现状与客流变化规律是轨道交通系统行车组织工作和客运组织工作得以顺利进行的前提。

3. 施工指标统计分析

(1)要求根据当日工程车开行情况进行统计,内容为:工程车列数、实际进出车场的时间。

(2)要求根据当日调试列车开行情况进行统计,内容为:实际开行调试列车的列数。

(3)对前日正线、辅助线的检修计划件数和完成情况进行统计。

(4)对检修施工完成情况进行分析:

①各施工单位月(周)计划、日补充计划、临时补修计划件数统计。

②检修施工作业请点总件数的统计。

③各施工单位计划情况、完成情况进行分析。

五、调度工作的分析

通过对运营指标的完成情况进行统计分析,可以找出提高运营指标的方法,同时,对日常调度工作进行综合统计分析,可以及时发现问题,制定措施。此外,还需对班组调度员的报表填计及运营生产完成情况进行考核。调度分析、统计工作可分为日分析、定期分析和专题分析。

1. 日分析

日分析的内容包括:

(1)正点率、兑现率、列车加开及取消情况、运营里程。

(2)换车情况、越站、清客、列车救援、严重晚点、反方向运行情况。

(3)客运服务质量。

(4)设备故障、列车故障情况。

(5)施工完成情况。

(6)各种记录报表及运营指标的考核工作。

2. 定期分析

定期(例如每月或每旬)对该阶段的各项运营指标、安全生产和施工维修等情况进行分析、统计,并做出相应的报表以积累资料,为运营决策部门改进运营组织方案提供必要的依据,如经济活动分析等。

3. 专题分析

对某一特定的任务组织专题分析,以便指导列车调度员更好地完成任务或进行总结。

关键名称与概念

1. 列车运行图:是运用坐标原理对列车运行时间、空间关系的图解表示,因而实际上它是对列车运行时空过程的图解。

2. 纯折返时间:是指列车从折返站一侧站台发车(开往折返线)时始,至完成折返到达另一侧站台时止的时间。

3. 全折返时间:是指列车从折返站一侧站台发车(开往折返线)时始,至折返后在另一侧站台上客完毕发车时止的时间(即包含在始发站停车等待上客的时间)。

4. 全日行车计划:是营业时间内各个小时开行的列车对数计划,它规定了轨道交通线路的日常作业任务,是科学地组织运送乘客的办法。

5. 列车单程旅行时间:是指单程各区间列车运行时间加沿途各车站停站时间之总和。

6. 运行周期($T_周$):就是列车运行交路所需时间,它等于上、下行列车旅行时间与两端折返站折返时间之和。

7. 列车实绩运行图：是记载一条运营线路内列车运行实际情况以及列车运行有关事项的图表。

8. 列车正点率：是指正点列车数与总开行列车数的比率，用以表示运营列车按规定时间正点运行的程度。

9. 运行图兑现率：指报告期内实际开行列车数与运行图图定开行列数的比率，用以表示运行图兑现的程度。

复　习　题

1. 列车运行图如何进行分类？（适合【初级工】）

2. 列车运行图的要素包括哪些？（适合【中级工】）

3. 简述列车运行图的编制要求和步骤。（适合【高级工】）

4. 如何进行客流调查和分析？（适合【技师】）

5. 如何计算列车单程旅行时间和列车运行图的运行周期？（适合【高级工】）

6. 简述列车识别号的组成。（适合【初级工】）

7. 简述列车运行交路的表示方法。（适合【中级工】）

8. 简述列车运行图编制质量的检查方法。（适合【技师】）

9. 简述列车运行图的指标计算方法。（适合【技师】）

10. 列车运行图使用前的准备工作有哪些？（适合【高级工】）

11. 实绩运行图有哪些作用？（适合【中级工】）

12. 简述列车运行记录的表示方法。（适合【中级工】）

13. 简述列车运行指标的计算方法。（适合【高级技师】）

14. 简述列车指标统计分析的方法。（适合【高级技师】）

15. 简述客流指标统计分析方法。（适合【高级技师】）

16. 简述施工指标统计分析方法。（适合【技师】）

17. 简述调度工作的分析方法。（适合【技师】）

第二章　城市轨道交通行车组织

培训目标 ◄◄◄

　　通过本章学习,使学员对城市轨道交通行车组织工作有全面认识,使学员了解行车组织的原则和架构;掌握行车组织的方式;掌握调度命令的种类、格式及发布的时机;掌握正常(非正常)情况下的列车运行组织程序;掌握接发列车及调车作业的相关规定。

第一节　行车组织的原则和架构

一、行车组织原则

　　(1)行车组织必须贯彻安全生产的方针,坚持高度集中,统一指挥的原则,各单位、各岗位间要发扬协作精神,充分体现联动作用,紧密联系,协同动作,实现安全、高效、便捷、舒适的运营目标。

　　(2)日常运行计划由列车运行图体现,由运营管理部门编制列车运行图,列车运行图是行车组织工作的基础,所有的部门和单位,必须根据列车运行计划的规定,组织本部门、本单位工作,保证运行计划的实现。

　　(3)特殊活动运行计划,由运营管理部门编制计划方案,各单位、部门遵照执行。

　　(4)列车调度员负责组织实施运行计划,并根据现场情况发布指挥列车运行的调度命令;各行车岗位人员必须严格执行列车调度员的命令,服从调度指挥。

　　(5)列车调度员应严格按列车运行图指挥行车,遇列车发生晚点时,应积极采取措施,组织有关人员恢复正点。

　　(6)注意列车在车站的到发及区间的运行情况,及时、正确地处理临时发生的问题,防止列车运行事故。

　　(7)随时掌握客流变化情况,及时调整列车的运用。

　　(8)救援机车、各类抢修车辆,应经常处于整备待发状态,其工具备品应保持齐全整洁,作用良好。

二、行车组织架构

1. 城市轨道交通运营指挥层次

　　行车组织指挥体系包括线网行车管理层、线路控制层、线路执行层,如图 2-1 所示。

　　(1)线网行车管理层(运营管理部门、TCC 或 COCC):负责全路网的运营监控、统筹管理,突发事件时路网运营方案的制订。

(2)线路控制层(各线 OCC):负责线路行车计划的组织实施,运营紊乱突发事件时运营方案的落实。

(3)线路执行层(车站值班员、司机、信号楼、运转值班员):负责线路行车计划的执行,运营紊乱、突发事件时运营方案的执行。

2. 城市轨道交通运营控制中心

运营控制中心是城市轨道交通日常运营、设备维护、行车组织的指挥中心,是城市轨道交通运营信息收发中心,代表城市轨道交通公司总经理指挥运营工作,代表城市轨道交通公司与外界协调联络城市轨道交通运营支援工作。

运营控制中心各调度员由值班主任统一指挥。在处理突发事件、事故时,各调度员有责任向值班主任提供本岗位的处理方案,并及时报告相关信息。

城市轨道交通的行车工作由列车调度员统一指挥;城市轨道交通供电设备运作由电力调度员统一指挥;环控和防灾报警设备由环控调度员统一指挥;综合调度员主要负责客流监控和管理范围内的故障(事故)信息接收、传递、反馈和处理的组织、协调及统计分析工作;当工作量大时,也可专门设置分析调度员(信息调度员)从事运营统计分析工作。

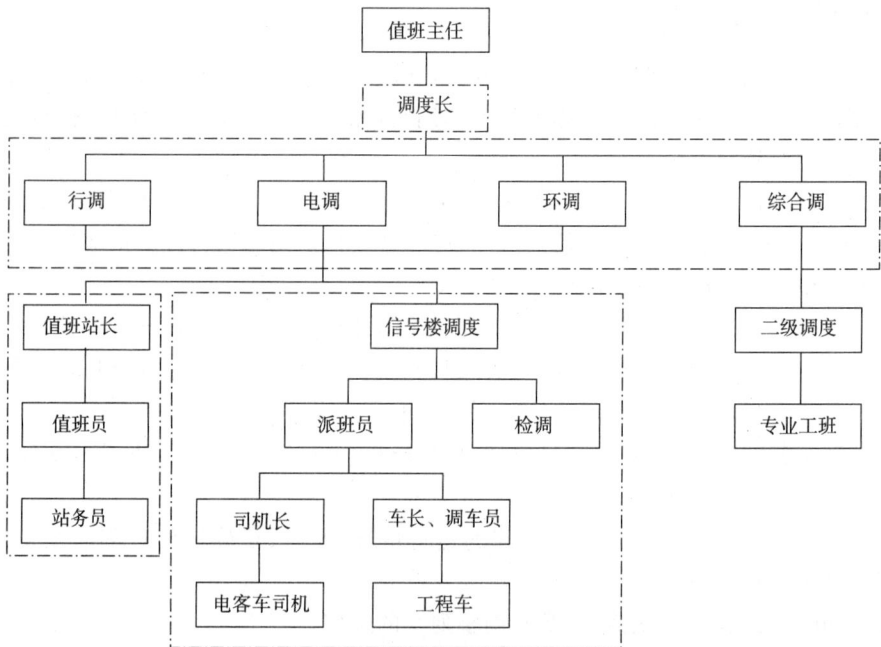

图 2-1 城市轨道交通运营指挥层次

随着城市轨道交通网络化的特征,单一设置列车调度控制中心往往存在线路控制中心之间的信息传递不畅,所采取的运营调整措施往往不适应整个轨道交通网络化的需要。目前,大城市的城市轨道交通行车指挥中心一般分为两个层次,即中央运营协调与线网运营指挥中心(TCC 或 COCC)和线路控制中心(OCC)。这样的指挥中心划分以及互相结合,能够更好地适应城市轨道交通网络化的运营管理(如图 2-2 所示)。

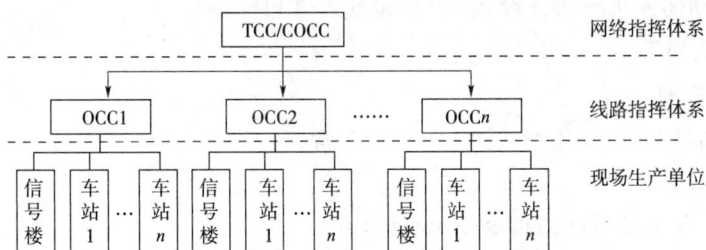

图 2-2　网络化运营线路调度管理内部架构

轨道交通网络管理采取网络管理层、线路控制层、车站(现场)执行层三个层次的集中分级式管理架构。

(1)网络管理层:线网运营指挥中心(TCC 或 COCC)负责全网统筹管理、监控以及突发事件应急指挥调度。

(2)线路控制层:负责各线路的日常行车指挥和客运调度,在发生突发事件时执行TCC(或 COCC)指令;负责本线路票务数据管理、安全管理、数据统计、参数管理、模式管理及本线路设备状态监控。

(3)车站(现场)执行层:按照统一的站务服务标准,负责日常车站服务、车站客运组织、车站售检票等,在发生突发事件时,按照线路控制中心(OCC)指令进行应急处置。

第二节　行车组织的方式

列车运行组织是城市轨道交通运营管理的中心工作。城市轨道交通通常被称为是一个大的联动机,因为它是集行车、车辆、机电、通信、信号、工务等各工种、技术一体化运转的系统。系统中的任一环节出现问题,都可能对整个系统的正常运转带来严重的后果,而整个系统的正常运转则集中体现在列车的运行组织工作中,它是保证将乘客由出发站安全、准时、快捷地运送至目的地站的关键。接发列车是行车组织的一项主要工作。做好接发列车工作可以保证列车按照运行图安全、正点行车。城市轨道交通以及轻轨交通的行车量都较大,列车追踪间隔短,沿线各站的运行作业单一,调车量少,而且站间距短,列车基本上是站站停车,因此城市轨道交通或轻轨特别适宜采用调度集中以及行车指挥自动化系统。总体来讲,世界各国大城市的轨道交通系统均采用了比较先进的、自动化程度高的调度指挥系统进行行车组织。

一、自动闭塞

在运营期间,电动列车按 ATP 自动闭塞法行车。

前后相邻列车之间的安全运行间隔由列车自动防护系统(ATP)自动实现。

ATP 自动闭塞区段,列车显示零码(或遇到红灯)必须停车,并报告列车调度员,按列车调度员命令继续运行,严禁擅自以切除 ATP、限速向前或限速向后等非 ATP保护的模式动车。

ATP 自动闭塞可分为连续式 ATP 和点式 ATP 两种。

1. 连续式 ATP

(1)适用范围

列车自动控制系统(连续式 ATP)运行正常。

(2)执行要求

①列车凭发车指示器的指令关闭车门。

②列车的行车凭证为列车收到的允许速度码。

③列车司机确认车门(屏蔽门)关闭、信号机开放正常及列车收到的允许速度码动车。

④列车自动防护系统(连续式 ATP)自动控制列车之间的安全运行间隔。

2. 点式 ATP

(1)适用范围

列车自动控制系统(点式 ATP)运行正常。

(2)执行要求

①列车凭发车指示器的指令关闭车门。

②列车的行车凭证为列车收到的允许速度码。

③列车司机确认车门(屏蔽门)关闭、信号机开放正常及列车收到的允许速度码动车。

④列车自动防护系统(点式 ATP)自动控制列车之间的安全运行间隔。

二、电话闭塞

1. 总则

(1)电话闭塞法为城市轨道交通的代用行车闭塞方式。电话闭塞法是相邻两站(场、段)通过电话联系形式确认区间空闲,并以发出电话记录号码的方式办理闭塞的一种行车组织方法。

(2)电话闭塞法的启用、取消及实施区段须根据调度命令内容执行,电话闭塞法必须在车站站间闭塞电话及列车无线通信设备状态正常时方可执行。

(3)列车站间行车[运行至下一车站(场、段)]的凭证为路票,列车在车站的发车凭证为发车手信号。

(4)电话闭塞法行车时,同方向追踪列车的最小发车间隔为两站两区间(终端站除外)。

(5)当部分区段发生信号故障必须进行电话闭塞法行车时,必须在信号故障的区段范围前后各增加一个防护区间及车站,作为电话闭塞法行车的起始与终止范围。

(6)电话闭塞法的适用范围:

①运营期间信号设备故障,单个及以上集中站自动闭塞设备不能正常使用。

②运营结束后开行工程列车、轨道列车或其他非规定制式列车。

③其他特殊情况。

2. 电话闭塞法的作业流程

(1)运营期间由自动闭塞转为电话闭塞法的作业准备流程

①列车调度员命令实施电话闭塞的区段内列车立即停车待命,并命令故障区段内各车站准备本站接车进路,车站在进路办理妥当后,主动向列车调度员汇报。

②列车调度员组织电话闭塞法区段内所有列车运行至车站站台停车待命。如列车停于区间，列车调度员在确认前方站具备接车条件后，命令停于区间的列车以人工限制向前方式（RMF、RMO、授权模式）运行至前方车站停车待命。如同一个区间停有多列列车，列车调度员须命令列车逐列运行至车站停车待命。

③列车调度员待实施电话闭塞的区段内所有列车位置均停至站台待命后，与实施电话闭塞法区段内的所有列车司机、车站值班员复核确认列车所在位置。

（2）实施电话闭塞法的作业流程

①列车调度员向有关车站（场）、列车司机下达启动电话闭塞法运行的调度命令，命令包括实施电话闭塞行车的区段范围、行车方向、区间限速、时间等。

②车站（场）必须通过核对车站（场）生产日志、运行计划、电话联系邻站等方式严格确认前方区间及车站列车占用情况，按电话闭塞法的行车要求办理闭塞。

③实施电话闭塞法的终端车站接车条件按电话闭塞法相关规定执行，发车条件根据轨旁及车载信号显示执行。

④发车站确认本站至前车站无闭塞，且线路区间空闲后向前方站请求闭塞，前方站进行复诵，填写"车站（场）生产日志"。

⑤前方站接到闭塞请求，确认发车站至本站及本站至前方站无闭塞、且线路区间、车站（本站、前方站）空闲后，准备本站的接车进路。

⑥前方站接车进路办理妥当后，向发车站发出同意闭塞的电话记录号码，发车站进行复诵，填写"车站（场）生产日志"。

⑦发车站在得到前方站的闭塞同意后，填写"车站（场）生产日志"，准备本站发车进路，在本站发车进路准备妥当后，方可填写路票。

⑧车站值班员确认路票填写正确，发车进路办理妥当后，由车站行车人员将路票交至司机，并向司机显示发车手信号。

⑨司机收到路票，确认路票填写正确，后根据发车手信号动车，运行至下一车站（场、段）。

⑩发车站在确认列车发车后，填写"车站（场）生产日志"，向前方站报列车发点，前方站进行复诵；发车站待列车整列出清本站，确认闭塞解除条件满足后，填写"车站（场）生产日志"，向后方站解除闭塞，后方站进行复诵。

⑪前方站在得到发车站的发车报点后，填写"车站（场）生产日志"，迅速安排车站行车人员至站台规定停车位置接车。

⑫列车司机根据路票记录的开行路径到站后开门，等待车站办理行车闭塞。

⑬接车站向司机收取路票，填写"车站（场）生产日志"，并向发车站报列车到点，发车站进行复诵。

⑭实施电话闭塞法行车区段内的起点站、终点站、信号集中站及两条线路的交汇站在向邻站报到/发点的同时须向列车调度报点，其他车站不需向列车调度报点。

（3）运营期间取消电话闭塞法转为自动闭塞的作业流程

①设备单位确认实施电话闭塞区段信号故障已修复，具备恢复自动闭塞行车条件，并向列车调度员汇报。

②列车调度员发布取消电话闭塞法转为自动闭塞法的调度命令。

③车站接到调度命令后取消已办理的闭塞，如列车已在区间运行待到站后解除。

④司机到达车站接到调度命令后，根据自动闭塞信号显示恢复正常模式运行。

3. 电话闭塞法的作业要求

(1)电话闭塞法的标准用语。

①请求(预办)闭塞：××站上[下]行××次列车请求(预办)闭塞。

②同意(预办)闭塞：电话记录××号×时×分同意××站上[下]行××次(预办)闭塞。

③列车出发：××站上[下]行××次×时×分发。

④列车到达：××站上[下]行××次×时×分到。

⑤解除(预办)闭塞：电话记录××号×时×分解除××站上[下]行××次(预办)闭塞。

⑥取消(预办)闭塞：电话记录××号×时×分取消××站上[下]行××次(预办)闭塞。

(2)列车运行方式。

运营期间列车以电话闭塞法行车时，列车运行方式为：列车自实施电话闭塞法的起点站起以切除 ATP 方式运行，至实施电话闭塞法的终端站恢复正常驾驶模式(ATO/ATP)运行。

(3)列车运行速度。

列车运行速度一般遵循以下速度规定(可根据线路设备设计条件，具体规定)：

①列车区间运行限速 40 km/h(经过设备限速低于 40 km/h 区段时，按设备限速规定速度运行)。

②出入场限速 20 km/h，经过道岔区段限速 20 km/h，进、出车站限速 20 km/h。

③遇 400 m 及以下半径的弯道等瞭望条件不良的区段时，以不高于 30 km/h 的速度通过。

④列车调度员可根据线路实际运营情况，以调度命令的形式对列车区间运行限速进行调整。

⑤司机在驾驶过程中严格按照速度规定驾驶，并做好瞭望工作，注意线路状况，遇异常情况及时采取制动措施，停车确认情况后向列车调度员汇报。

(4)列车定位的要求。

在运营期间实施电话闭塞法时，各岗位应进行列车定位，确认电话闭塞法区段内列车的位置。

①故障区段内列车司机确认列车当前所处位置，并主动向列车调度员汇报列车当前位置，当无线通信设备占用无法联系，司机应通过其他通信手段向列车调度员汇报。

②车站(场)必须通过核对车站(场)生产日志、运行计划、电话联系邻站等方式严格确认本站及前方区间列车占用情况，如发现有停于区间的列车，应主动向列车调度员联系，汇报列车位置。

③列车调度员通过中央和本地信号工作站、CCTV、无线对讲等设备确认实施电话闭塞法区段内所有列车的数量与实际所在位置，并采用模拟盘、列车定位图纸等形式进行记录。

(5)电话闭塞同意条件。

①折返站的闭塞同意条件为本站接车进路准备好。

②非折返站的闭塞同意条件为该列车的前行列车已出清前方车站站台，与后方站、前方站间未存在已办理的闭塞，本站接车进路准备好。

③Y形线路或环形线路非共线段往共线段方向，进入共线段前第一个车站的闭塞同意条件除本站同意闭塞的条件满足外，还需向共线段交汇点车站办理预办闭塞。共线段交汇点车站预办闭塞的同意条件为本站与非共线段车站间均无闭塞占用或预办闭塞占用，且已准备好接车进路。共线段交汇车站同意接车闭塞时解除预办理闭塞。预办闭塞的办理流程及相关记录(无须填写路票)同正常闭塞的办理方式，但须在备注栏中注明"预办闭塞"。共线段交汇点车站在同一时间段内只能办理非共线段车站的一个预办闭塞或闭塞。

(6)电话闭塞解除条件。

①折返站的闭塞解除条件为列车整列到达并进入折返线，同时后续接车进路准备好。

②非折返站的闭塞解除条件为列车整列到达并发出后。

③夜间施工列车停于正线存放时，列车到达电话闭塞法终点站后，即与发车站解除闭塞。

(7)取消闭塞的办理要求。

①在已办理列车闭塞后，因故不能接车或发车，应立即发出停车手信号进行防护并报列车调度员，列车退回发车站后，由提出车站发出的电话记录号码作为取消闭塞的依据。

②列车出发后途中退回发车站时，由发车站发出电话记录号码作为取消闭塞依据。

(8)电话号码的相关要求。

①车站电话记录号码由两部分组成(格式为 XX YY)，第一部分为车站编号，第二部分为电话记录序列号，办理电话闭塞的相邻车站"车站编号"不得相同。

②电话记录序列号每站一组，100 个号码(00～99)，按日循环使用，起始号码为00，不得跳号。

③每个号码在一个循环中只准使用一次，号码一经发出无论生效与否，不得重复使用。

(9)路票填写的要求。

①路票须在确认闭塞区间空闲，并取得接车站承认闭塞的电话记录号码，发车进路准备完毕后方可填发，路票原则上由车站值班员填记后递交车站行车人员，在特殊情况下可由车站行车人员代为填记，车站行车人员必须与车站值班员进行复核无误后，方可将路票递交列车司机。

②路票应具备以下几个要素：电话记录号码、车次号、方向、行车专用章、值班员签名、日期、调令号码、列车限速要求。

③路票填写不得擅自增添字句或涂改，否则应视为废票，须重新填写，车站值班员须在路票正面对角划"×"后整理保存。

④办妥电话记录手续后，临时变更列车车次时，应重新办理电话记录手续，如已填发路票，应将原路票回收并作废，另行填发路票。

⑤列车司机在接到路票后须对路票进行确认，准确无误后按规定行车。

⑥列车到达接车站后,车站值班员应及时收回路票,在路票正面对角划"×"以示注销后整理保存。

⑦路票填写的日期以接车站承认闭塞的时间为准,零时前办理的闭塞,列车司机如在零时后收到路票,仍视为有效。

(10)发现错误路票及行车凭证丢失的规定。

①列车司机在车站发车前发现错误路票时,严禁动车,并将错误路票退还车站,车站回收错误的路票,重新填写正确的路票。

②列车司机在发车后发现错误路票时,应立即停车并报告列车调度员,后按列车调度员指令运行,将错误路票交至接车站。

③接车站发现回收的路票错误时,应在"车站(场)生产日志"中记录,并报告列车调度员。

④列车司机取得路票并确认正确后,遇在途中丢失时可继续运行至接车站,将情况报告接车站值班员和列车调度员,车站值班员应在"车站(场)生产日志"上记录说明。

(11)列车反向运行。

列车采用电话闭塞法反向运行时,除按电话闭塞流程办理外,还需在备注栏中注明"反向运行",并在路票左上角加盖反向章。

(12)运营期间实施电话闭塞法时电话闭塞法区段内采用单一交路的方式运行。

(13)车站需在每天运营开始前做好电话闭塞法所需设备[信号灯(旗)、路票、调度命令单、无线对讲设备、闭塞电话等]的状态检查确认工作。

(14)在实施电话闭塞法时,电话闭塞法区段内列车调车折返作业应根据车站调车手信号,办理调车折返作业。

(15)电话闭塞法的实施、取消应以书面调度命令的形式下发至车站值班员及司机。

三、封闭

1. 适用范围

(1)单列车辆在某个区段进行行车作业,作业过程中道岔位置保持原有位置不变。

(2)单列车辆在某个区段进行调试、施工作业,作业过程中道岔位置保持不变。

2. 执行要求

(1)在封闭命令发布之前,列车调度员和车站行车人员必须确认作业区段内道岔均已锁闭在正确位置,封闭过程中不得转换。

(2)在封闭命令发布之前,需避入封闭区段的车辆已进入该封闭区段。

(3)封闭必须由当班列车调度发布书面命令。

(4)封闭命令发布之后,其他任何人员或车辆不得进入该封闭区段。

(5)封闭的解除必须由列车调度员发布书面命令。

四、封锁

1. 适用范围

(1)一列及以上列车在某个区段进行行车作业,作业过程中道岔位置将进行转换。

(2)一列及以上列车在某个区段进行调试、施工作业,作业过程中道岔位置将进行转换。

(3)其他大型施工或故障抢修需要。

2.执行要求

(1)在封锁命令发布之前,需进入封锁区段的车辆已进入该封锁区段(故障抢修时例外)。

(2)封锁必须由当班列车调度员发布书面命令。

(3)封锁命令发布之后,未经许可,任何人员或车辆不得进入该封锁区段。

(4)封锁命令发布之后,封锁区段内的道岔转换按照"正线调车"执行。

(5)封锁的解除必须由当班列车调度员发布书面命令。

(6)司机在运行途中应对道岔防护信号显示及道岔位置进行确认,如发现危及行车的情况应立即停车并与车站确认。

(7)列车运行由施工或调试方指挥,安全由施工或调试方负责。

第三节 调度命令

列车调度员在组织指挥运输生产工作中对有关部门和人员所发布的有关完成运输生产的具体部署和应急处置时指挥行车工作的指令,称为调度命令。根据统一指挥、逐级负责的原则,指挥列车运行的调度命令,只能由列车调度员发布。列车调度员在发布调度命令前,应详细了解现场情况,并听取有关人员的意见,调度命令发布后,有关行车人员必须严格执行。

一、列车调度命令的分类

1.口头命令

列车调度员发布口头命令有以下几种:

(1)临时加开或停开列车(包括客车、工程车及救援列车)。

(2)客车推进运行、退行,工程车退行。

(3)停站客车临时变通过。

(4)列车降级运行时。

(5)列车救援时。

(6)列车中途清客。

(7)变更列车进路。

2.书面命令

书面命令发布的内容包含命令号、受令处所、受令人、命令内容、发令日期、发令时间、发令人姓名及复诵人姓名等,需在"调度命令登记簿"(表2-1)中填记。列车调度员发布书面命令有以下几种:

(1)发布线路限速或取消限速。

(2)封锁、开通线路时。

(3)列车调度员认为有必要记录的命令。

表 2-1 调度命令登记簿

___年___月

日期	命 令				复诵人姓名	接受命令人签名	列车调度员姓名	值班主任
	发令时间	命令号码	受令及抄知处所	内容				

二、发布调度命令的要求

(1)列车调度员发布命令时应严格执行《行车组织规则》的相关规定,详细了解现场情况,听取有关人员意见;按"调度命令固定格式"要求书写,并先拟后发;掌握好发布调度命令的时机,为缩短抄送命令的时间,可先发内容、号码,后发发令时间、列车调度员代码。

(2)列车调度员发布命令时,应指定专人负责传达,传达给司机或其他有关人员的书面命令应盖有车站行车专用章。

(3)同时向几个车站或单位发布调度命令时,列车调度员应指定其中一人复诵,其他人核对,确保无误。书面命令填写"调度命令登记簿"。

(4)列车调度员在日常的工作中,为了确保进行安全、高效地调度指挥,提高各调度的沟通技巧、工作效果,确保调度指令能够迅速准确地下达和执行,必须使用标准调度用语。调度用语要求:

①调度工作用语使用普通话,严禁使用其他方言。

②受话者必须复诵,严禁使用"明白"、"清楚"代替。

③说话者吐字清晰,语速适中。

发布调度命令时的数字发音标准见表 2-2。

表 2-2 数字发音标准

1	2	3	4	5	6	7	8	9	0
yao	liang	san	si	wu	liu	guai	ba	jiu	dong
幺	两	三	四	五	六	拐	八	九	洞

三、书面命令的作业要求

(1)调度命令须列车调度员拟写,经审核后发布。

(2)调度命令号顺序循环使用,每一个循环期间不得漏号、跳号及重号使用。

(3)命令处所为沿线各站及运转部门,填记时采用标准站名。

(4)受令人、发令人、复诵人均须填记全名。

(5)发令日期、发令时间应填记正确无误。

(6)命令内容中空缺的内容应正确填写,做到不随意涂改。如命令内容填写错误时,需在错误处划横线,在上方填写正确内容并盖发令者(受令者)名章进行标注。

(7)发布调度命令后,应及时将命令表按命令号顺序装订在册,做到不遗漏、不颠倒顺序。

(8)在日常运行过程中如无法及时将书面命令传递给司机时,应适时完成命令的补交手续。

第四节　列车运行

车站行车组织工作是在调度中心统一指挥下,合理运用车站的各项技术设备,负责车站行车控制指挥、施工及其他等作业。车站的列车运行控制根据整个系统的列车运行控制方式的变化而变化。在调度集中控制方式下,车站的行车组织的主要工作是监护列车运营状态,车站值班员可兼做其他工作;在自动控制方式下,车站在除了对列车的运营状态进行监护外,如中央因故放权由车站进行控制,则在有集中控制设备的车站应负责对列车的折返、进路排列等人工作业;在半自动控制方式下,车站负责列车运行控制的工作,人工操作信号设备进行接发车、调车等行车作业,并根据列车调度员指令对列车运行进行调整;在非正常情况下,车站根据OCC指令,按规定的作业办法要求负责列车在车站接、发、调车等作业。

一、列车交路计划

列车交路计划是根据运营组织的要求及运营条件的变化,按列车运行图或由列车调度员指挥列车按规定的区间运行、折返的列车运行计划。列车交路计划的确定应从经济合理的角度出发,既要保证满足乘客需求,又要考虑如何充分利用运能,以提高企业经济效益,并且列车交路计划的编制是城市轨道交通行车组织的关键点之一。

1. 列车折返方式

在介绍列车交路计划前,这里先引入列车折返的概念,列车通过进路改变、道岔的转换,经过车站的调车进路由一条线路至另一条线路运营的方式称为列车折返,具有列车折返能力的车站称为折返站。列车折返有站前折返和站后折返两种方式。

列车运行到终点站或在短交路和长短交路情况下运行到中间折返站需要进行折返作业(图2-3、图2-4)。

站前折返方式是列车经由站前渡线折返。图2-3(a)是列车在终点站经由站前渡线折返;图2-3(b)是短交路运行时列车在中间站经由站前渡线折返。在采用站前折返方式时,列车空车走行少,折返时间较短;上下车乘客能同时上下车,可以缩短停站时间;此外,站线和折返线相结合,能节省投资费用。站前折返的缺点是出发列车和到达列车存在着进路交叉,影响行车安全;上下车乘客同时上下车,在客流量大的情况下,站台秩序会受到影响。

图2-3　站前折返方式时的折返线布置

列车到发作业产生交叉干扰的条件是进路有交叉,并且占用进路的时间相同,两个条件必须同时具备才构成真正的进路交叉。在行车密度很大的情况下,采用站前折返方式,要完全消除到发列车的交叉干扰难度较大。图2-4(a)是列车经由站后环形线折返;图2-4(b)是列车经由站后尽端折返线折返;图2-4(c)是列车经由站后渡线折返,常作为列车在中间站进行中途折返使用。

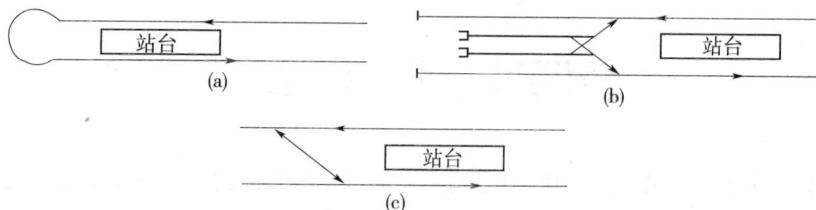

图2-4　站后折返方式时的折返线布置

采用站后折返方式能避免采用站前折返时存在的缺点,出发列车与到达列车不存在进路交叉,行车安全,而且列车进出站速度高,有利于提高旅行速度,因此,站后折返方式被广泛采用。站后折返方式的主要缺点是列车折返时间较长。

环形线折返设备能保证最大的通过能力,节约设备费用与运营成本。但它也存在一些缺点,如由于列车在小半径曲线上运行造成单侧钢轨磨耗、折返线不能停放检修列车和难以进一步延长以及若用明挖法施工增大了开挖范围等。所以在线路的终点站常采用尽端线折返设备。采用尽端线折返设备,列车既可以折返,也可以临时停留检修。

2. 列车交路的种类

传统上将列车交路分为长交路、短交路和长短交路三种。长交路是指列车在两个终点站进行折返运行。长交路具有对中间站折返线路要求不高、行车组织运行方式简单的优点,但不考虑区段客流量不均衡的因素,合理利用运能方面有所欠缺。短交路是指列车在指定的折返站折返,在一段区间内运行。在城市轨道交通的运营组织中除特殊情况下一般不采用此种交路模式。长短交路是指列车在线路运行中结合了长、短交路两种情况的运行模式。长短交路的行车组织方式是比较经济合理的一种运行方案,特别是在区段客流不均衡程度高,造成某一区段运能不能满足运量的需要时,长短交路运营组织方式尤为适用,但这种方式行车组织方式相对较为复杂,同时对客运组织也有较高的要求。

3. 列车交路计划的确定

列车交路计划的确定应建立在对线路各区段客流量进行统计分析的基础上,充分考虑行车组织与客运组织的条件,进行可行性研究后加以确定。

(1)区段客流分析是列车交路计划确定的主要因素之一,也就是根据客流在时间上、空间上所表现出的不均衡性加以研究分析,作为列车交路计划确定的依据。

(2)行车条件决定了交路计划实现的可能性,城市轨道交通的线路设置由于其运营特点,不可能采取每个车站的线路设置都具备进行调车作业的功能,交路计划的实现只能在设有调车或折返线路的车站进行,同时还必须注意列车交路是否会影响到行车组织的其他环节,例如,是否会影响行车间隔、车站后续列车的接车等。

(3)客运组织是列车交路计划确定的必要客观条件,由于列车交路计划的实现可能导致列车终到站的变化,相关车站的乘客乘降作业、列车清客、客运服务工作都会随之不断调整,对客运组织水平的要求比较高,由于客运组织的不力可能会直接影响到列车运行图的执行情况,因此,确定交路计划应对客运组织的条件一并加以考虑。

二、正常情况下的列车运行组织

城市轨道交通由于行车密度高、间隔小、对安全运营要求高的特点,根据信号设备所能提供的运行条件,一般分为调度集中控制、调度监督下的自动运行控制和半自动运行控制三种方式,按照运行图规定的行车计划开行列车,进行列车运行组织。

1. 调度集中控制时的列车运行组织

调度集中控制的行车组织方式,在列车调度员的统一指挥下,利用行车设备对一列车的到、发、折返等作业进行人工控制及调整。调度集中控制下的行车组织的指挥人为列车调度员,车站不参与行车组织的工作。调度集中控制应实现的功能有:

(1)应具有电气集中联锁设备,实现远程控制功能,并从设备方面提供列车运行安全保障。

(2)通过控制屏或显示器可监护全线列车运行状态、信号显示、道岔位置及区间、线路占用的情况。

(3)利用电气集中联锁设备转换道岔、排列进路、开放信号,指挥和调整列车运行。

(4)自动或人工绘制列车实绩运行图。

2. 调度监督下的自动运行控制

自动运行控制是当今世界城市轨道交通列车运行组织的发展趋势及主流行车控制方式,许多早期建成轨道交通的城市,由于当时的各方面技术条件的限制,采用半自动和人工方式进行行车组织,近年来已经逐步采用自动运行控制替代。自动运行控制利用计算机技术对列车运行实行自动指挥和自动运行监护,并有列车运行保护系统提高行车安全系数。调度监督下的自动运行控制可实现的功能有:

(1)计算机系统可输入及储存多套列车运行图,可按设定的列车运行图自动实行行车指挥功能。

(2)对正线运行列车实行自动跟踪,显示进路、道岔位置、区间及线路占用情况。

(3)可自动或人工对列车运行进行调整,可使用人工对进路排列、信号开放、道岔转换进行控制。

(4)提供中央及车站两级运行控制模式,可根据需要进行控制权转换。

(5)列车运行自动保护系统对列车运行设定防护区段,控制前后列车运行的安全间距。

(6)列车可使用自动驾驶功能,也可采用人工驾驶,列车占用区间的凭证是列车收到的速度码。

(7)通过计算机系统自动绘制列车实绩运行图,并进行有关运营数据统计。

3. 调度监督下的半自动控制

这种列车运行组织方式是在中央调度所统一指挥和监督下,由车站值班员操作车站电气集中或临时信号设备控制列车运行。在一些早期建成的城市轨道交通至今仍采用这种列车运行组织方式,在一些新线上,由于信号系统尚未安装调试完毕,在过渡期运营时也会采取这种方式进行行车组织。调度监督下的半自动控制可实现的功能有:

（1）车站信号控制系统具有联锁功能，对进路排列、道岔转换、信号开放实行人工操作。

（2）中央可实时反映进路占用、信号及道岔等工作状态，对线路上的列车运行进行监护。

（3）中央可储存信号开放时刻、道岔动作、列车运行等各类运行资料，并根据需要可调用。

（4）车站根据中央指令对列车运行进行调整。

（5）计算机自动绘制或人工绘制列车实绩运行图。

4．正常情况下车站接发列车

（1）接发列车工作的要求

车站的接发列车工作是行车组织的重要环节，也是保证列车按照列车运行图安全正点运行、保证城市轨道交通畅通的关键环节。接发列车工作是车站，尤其是有道岔车站的重要任务之一。由于参与的人员多，作业环节复杂，在接发列车工作中的任何疏忽或差错都有可能造成列车晚点或行车事故，其影响会波及其他车站甚至全线。因此正确及时地进行车站接发列车作业，对畅通无阻、安全正点和质量完好地完成运营任务，具有十分重要的意义。

①车站行车组织工作由车站值班员统一负责，车站值班员必须服从列车调度员的指挥，执行列车调度员命令。

②正常情况下车站不办理接发列车作业，列车以规定速度进站，车站不显示接车信号。

（2）接发列车作业项目

车站接发列车时需办理以下各项作业：

①检查线路。车站值班员根据列车调度员指示，与列车调度员确认使用时刻表版本，布置站台安全员检查站台、线路并听取站台安全员"人员线路清，设备正常"的汇报。

②准备接车。车站值班员监控 LOW 和 CCTV，有岔站在 LOW 站控时还须负责进路的排列；站台安全员按规定时间再次确认人员线路清、站台乘客全部站在安全黄线内后，鸣笛一长声，站在指定地点立岗接车。当站台安全员发现危及行车或人身安全情况时，应立即按压紧急停车按钮并向车控室行车值班员汇报。

③接车。车站值班员通过 LOW 和 CCTV 监视列车进站和站台乘客动态，发现危及行车或人身安全情况时，立即按压 LCP 盘紧急停车按钮；站台安全员监视列车进站，随时与车控室保持联系。

④组织乘客上下车。车站值班员通过 CCTV 监控站台乘客上下车；站台安全员待列车停稳开门后，站在电扶梯或楼梯口，引导乘客有序上下车。

⑤列车出发。车站值班员通过 LOW 和 CCTV 监视列车出发及站台乘客动态；站台安全员在列车关门后站在紧急停车按钮附近监视列车出站，如发现危及行车或人身安全情况时，应立即按压紧急停车按钮并向车控室行车值班员汇报，当列车全部出清站台后继续加强对站台的巡视，注意乘客动态。

（3）接发列车作业程序与标准

接发列车工作是行车组织的核心。它是在严格遵守城市轨道交通《行车组织规则》等有关规定的情况下，按一定程序和标准进行的一系列接发列车作业，由车站值班员统一指挥。城市轨道交通列车运行组织工作由城市轨道交通控制中心（或中央控制室)代表公司执行日常的列车调度指挥工作。实行集中统一指挥,要求各环节紧密配合,协同动作,从而保证安全、均衡、有节奏地完成乘客运输任务。

三、非正常情况下的列车运行组织

非正常情况下的列车运行组织是相对上述正常情况下的列车运行组织而言的,也就是在基本列车运行控制方式由于信号故障、道岔故障等原因而不能继续采用原行车控制方式的情况下的列车运行组织。城市轨道交通通常采用自动闭塞法,自动闭塞是由运行中的列车自动完成闭塞作用的一种闭塞方式。在正常情况下,根据 ATC 系统原理自动控制列车运行,由 OCC(调度控制中心)负责控制列车的安全间隔和运行。当 ATC 系统发生故障或闭塞设备无法满足列车运行要求时,由相邻两站车站值班员利用站间电话联系,以电话记录的方式办理闭塞的方法,均为代用闭塞法。

1. 代用闭塞法

代用闭塞法包括电话闭塞法和电话联系法。

(1)电话闭塞法

电话闭塞法已在第二节中介绍,这里不再叙述。

(2)电话联系法

车场与正线连接站间信号故障时,车场与车站间采用站间电话联系法组织行车。

①列车调度员向车站(场)发布执行站间电话联系法的口头命令后,车站或车场通知司机调度命令的内容,由车站值班站长(值班员)与列车调度员共同确认第一趟发出的列车运行前方的区段空闲。

②转换轨区段及车站(场)的接车线路内只允许一趟列车占用,列车进出场的行车凭证为电话记录号码。

③车站值班站长和信号楼值班员共同确认转换轨区段及车站(场)的接车线路接空闲、准备好接车线路后,才可以发出同意接车的电话记录号码并说明接车线路。发车场(站)接到接车站(场)同意发车的电话记录号码,填写路票并核对无误后,将电话记录号码和接车线路通知司机。

2. 人工准备进路

人工准备进路的作业程序为:

(1)值班员和站台安全员两人携带工具:信号灯/旗、手摇把、道岔钥匙、勾锁器、扳手、对讲机、无线调度电台、手电筒,着荧光衣、戴手套。

(2)下线路前须得到列车调度员允许,人工准备进路必须从距车站最远的道岔开始,从远到近依次排列。

(3)现场确认道岔,需要转向时应一人操作,一人防护、确认。操作者用工具按正确程序打开盖孔板,手摇道岔,准备好进路,另一人确认道岔位置正确后加锁。

(4)确认进路上各道岔的开通位置时,相互用对讲机联络,同时用手信号显示正确情况。

(5)当上(下)行线路的进路准备妥当并出清线路后,报告车控室,再准备下(上)行线路进路。

(6)值班站长接到进路准备妥当、线路出清的汇报后,立即做好相应线路的接车或发车准备工作并报告列车调度员。

四、接发列车其他规定

（1）开放引导信号的规定：

①在排列进路时，因进路监控层只能进入引导层，不能正常开放信号时需开放引导信号。如该进路的监控区段红光带或粉红光带时，车站派人到现场检查（如有杂物侵限立即清除）确认无杂物侵限后，开放引导信号。

②开放引导信号发车时，当列车占用起始信号机之前的轨道电路，在 LOW 上设置引导指令，进路防护信号机开放引导信号后客车要在规定时间内进入该进路。

③列车在关闭状态的进路防护信号机前停车后，司机应立即用无线电话向列车调度员（车站值班员）呼叫"××次在××信号机前停车"。

④列车调度员（车站值班员）听到司机"××次在××信号机前停车"的呼叫后，立即通知车站开放引导信号，并确认引导信号开放好后，用无线电应答司机"××信号机引导信号开放好"。

⑤司机听到"××信号机引导信号已开放"的应答并复诵，确认引导信号开放好后，按规定速度要求立即动车。

（2）特殊情况下接发列车时显示手信号的时机：

①接车时，在看见列车头部灯开始显示。

②通过列车，应待列车头部越过信号显示地点后方可收回。

③停站列车，应待列车停车后方可收回。

④发车信号（或好了信号）显示，必须在司机鸣笛回示后方可收回。

⑤引导手信号，待列车头部越过信号显示地点后方可收回。

（3）客车进站停车，当未到停车标停车时，司机确认运行前方无异常后，迅速以 RM 模式动车对位。当客车进站停车头部越过停车标时，应按照规定处理并报告列车调度员。

（4）客车在站区内停车位置超出规定范围时，报告列车调度员，按列车调度员的指示执行，如客车不开门继续运行到前方站时，列车调度员应通知前方站，车站应及时对站台广播，作好乘客服务工作。

（5）列车运行图中没有规定通过车站或无列车调度员命令，司机不得驾驶客车通过车站。但当客车通过车站时，司机应及时广播通知乘客。

五、调车作业

调车工作是轨道交通系统运输生产过程的重要组成部分，也是车站（特别是折返站）和车辆段（基地）行车工作的一项重要而又复杂的内容。列车能否按列车运行图运行，线路通过能力能否充分利用，生产计划指标能否完成，生产安全有无保障，与调车工作组织和调车作业的水平有一定的关系。

在轨道交通系统的日常运输生产活动中，除列车在车站到达、出发、通过及在区间内运行以外，凡机车车辆进行的有目的的移动，统称为调车，包括列车的解编、转线和车辆的取送、调移等。

1. 调车工作分类

（1）按其使用设备的不同分类

按使用设备不同调车作业分为平面调车和驼峰调车两种。轨道交通系统的调车作业属于平面调车,通常在折返站和车辆段(基地)范围内进行。在折返站主要是利用站内正线、折返线等线路进列车调车作业;在车辆段(基地)是利用牵出线和车库线等线路进列车调车作业。调车作业的动力通常是轨道牵引车或动车。

(2)接其作业目的不同分类

按作业目的不同轨道交通系统的调车作业分为:

①解编调车,根据列车编组要求、列车运行图和有关规章制度及特殊要求,将车辆连挂或摘解的调车作业。

②转线调车,将车列或车组由一条线路转往另一条线路的调车作业。

③取送调车,为进行检修、洗刷车辆(车组)等工作,向指定地点送或取回车辆(车组)的调车作业。

由于各场所作业性质不同,完成各种调车工作的比重也不一样。如车站(折返站)主要办理转线调车,而车辆段(基地)则办理大量不同的调车作业,主要有解编、转线和取送调车。

2. 对调车作业的要求

(1)及时完成调车任务,保证按列车运行图的规定时刻发车,不影响接车。

(2)充分运用一切技术设备,采用先进的工作方法,提高调车作业效率,用最少的时间完成调车任务。

(3)认真执调车作业标准,保证调车作业安全。

为了实现上述要求,调车工作必须遵守《行车组织规则》中有关调车工作的规定,建立和健全各项必要的工作制度。

3. 调车作业前的准备

(1)调车作业前,应充分做好准备(按规定着装、佩戴防护用品,确认无线对讲机良好),并认真检查协助作业的客车司机和动车指挥人的准备情况。

(2)对线路进行检查,确认进路、车辆底下和上部无障碍物。

(3)对车辆进行检查,内容包括制动试验、车辆防溜措施情况、是否进行技术作业、是否有侵限物搭靠、装载加固是否良好、是否插有防护红牌(红灯)。

4. 调车作业规定

(1)下列情况禁止调车作业:

①设备(包括上部天车或吊机)或障碍物侵入线路设备限界时,禁止调车作业。

②禁止溜放调车作业。

③客车转向架液压减振器被拆除并空气弹簧无气时,禁止调车作业。

④客车制动系统故障时禁止自身动车。

⑤禁止两台机车或列车同时在同一条股道上相对移动。

(2)在尽头线上调车时,距线路终端应有 10 m 安全距离,遇特殊情况应接近小于 10 m 时,应严格控制速度并采取安全措施。

(3)同一股道、同一时间只允许一列客车或机车进行作业。

(4)调车作业连挂时,应进行试拉。调动重车(装载城市轨道交通物资的车辆)超过 2 辆或空车超过 4 辆时必须连接风管。

(5)调车信号机因故无法开放,机车车辆须越过该关闭的信号机时,司机得到信楼信号楼调度员通知,确认进路开通后方可越过该信号机。

(6)调车员应在调车正面(司机驾驶侧)正确及时地显示信号,司机应认真地、不间断确认信号,并鸣笛回示。没有调车员的起动信号禁止动车;没有鸣笛回示时,调车员应立即显示停车信号。信号显示错误或不清,司机应立即停车。严格执行"问路式"调车的有关规定。

(7)机车车辆在车场内通过平交道前,应一度停车,瞭望平交道是否有障碍物或行人,确认安全后方可继续通过平交道。

(8)调车信号机开放后,须要取消时,应通知司机或调车员,并得到应答确认列车停车或未动车后,方可关闭信号机。

(9)单机或牵引运行时,前方进路由司机确认;推进运行时,由调车员确认。

5.连挂车辆规定

(1)连挂车辆,调车员应显示连挂信号和距离信号三、二、一车(三车约 60 m,二车约 40 m,一车约 20 m)。没有显示连挂信号和距离信号不准挂车。

(2)机车、车组接近被连挂车辆不少于 1 m 时一度停车,确认车钩位置正确后再连挂。

(3)单机连挂车辆,不须显示距离信号,但在距存车不少 1 m 时,应一度停车,凭调车员手信号挂车。

(4)停车场内道岔区段及其他 300 m 以下曲线半径线路原则上不得进行电客车连挂作业,特殊情况下需进行连挂作业时,须有车辆系统专业人员在现场确认钩位,进行技术指导,如果车钩不能达到对中范围的要求,须进行手动调整,如没车辆系统专业人员则禁止连挂。

6.车辆停留、防溜及止轮器存放的规定

(1)连接线、牵出线、洗车线、走行线(接发列车时除外)、咽喉道岔区,禁止存放机车车辆,其他线路存放车辆时,应经信号楼调度员同意方可占用。机车车辆应停在线路两端信号机内方。

(2)工程机车车辆、轨道车停放在带电区时,应在上车顶扶梯处揭挂"高压电,禁止爬上"标志牌。

(3)平板车及机车停放在线路上不再调车时,应连挂在一起,并须拧紧两端人力制动机,必要时放置铁鞋。因装卸设备需要不能连挂在一起时,应分组做好防溜,中间车组拧紧人力制动机,两端放置铁鞋。

(4)客车在停车库股道停留时,应施加停车制动。客车车辆在定、临修线上停留时,应连挂在一起,两端放置铁鞋防溜。因维修需要不能连挂在一起时,应分组做好防溜,停放车辆两端放置铁鞋。

(5)调车作业,应做到摘车时先做好防溜(电客车应恢复气制动和停车制动,工程车拧紧人力制动机,必要时放置铁鞋),后再摘车;连挂时,挂妥后再撤除防溜。

(6)撤除防溜后,铁鞋应及时放归原位。铁鞋使用情况及存放地点铁鞋数量应在交接班时交接清楚。

7.调车手信号规定

(1)调车手信号是指示调车工作的命令,有关行车人员应严格执行。

（2）显示信号时，应严肃认真，做到位置适当，正确及时，横平竖直，灯正圈圆，角度准确，段落清晰。手持信号旗的人员，应左手拿拢起的红旗，右手拿拢起的绿旗。

（3）发车（指示）信号显示方式：

①昼间——展开绿信号旗上弧线向列车运行方向做圆形转动。

②夜间——用绿色灯光上弧线向列车运行方向做圆形转动。

（4）股道号码信号：要道或回示股道开通号码。

六、列车标志、编组的规定

（1）客车标志：城市轨道交通徽记，客车服务号及标志灯等。

（2）工程车尾部必须挂有标志灯。当工程车按首尾机车编组时，应使用首端机车驾驶，当首端机车故障而使用尾端机车驾驶时，按推进运行办理。

（3）列车编组，在列车中的机车和车辆的制动机，应全部加入列车的制动系统。具体规定如下：

①客车始发不准编挂空气制动系统故障的车辆，在正线运行中发生时按各自线别《电客车故障应急处理指南》的要求处理。

②编入工程列车的车辆不准有关门车，如在运行途中因自动制动机发生故障时，报告列车调度员并按其指示办理。

（4）客车、工程车应按规定的编挂条件进行编组。下列车辆禁止编入列车：

①车体倾斜超过规定限度。

②曾经发生脱轨或冲撞事故，未经检查确认。

③装载货物超出限界，无挂运命令。

④装载长轨货物的平板车，无跨装特殊装置。

⑤平板车装载货物违反装载和加固技术条件。

⑥平板车未关闭侧板。

⑦制动系统故障。

⑧未按规定维护保养或清洁。

七、工程车、轨道车开行的规定

（1）工程车可以牵引运行，也可推进运行，各站按正常列车办理。

（2）工程车开行时装载有高度超过距轨面规定高度的货物时，接触网必须停电。

（3）工程车在正线运行时，凭地面信号及调度命令行车。一个联锁区同一线路原则上只准有一列工程车运行，必须开行多辆工程车时应由值班主任同意，调度、司机、车站应加强联控，确保安全。工程车在区间、非联锁站及无信号机的车站作业后折返时，凭调度命令行车。

关键名称与概念

1. 列车交路计划：根据运营组织的要求及运营条件的变化，按运行图或由调度指挥列车按规定的区间运行、折返的列车运行计划。

2. 电话闭塞法:相邻两站(场、段)通过电话联系形式确认区间空闲,并以发出电话记录号码方式办理闭塞的一种行车组织方法。

3. 调度命令:列车调度员在组织指挥运输生产工作中对有关部门和人员所发布的有关完成运输生产的具体部署和应急处置时指挥行车工作的指令。

4. 列车折返及折返站:列车通过进路改变、道岔的转换,经过车站的调车进路由一条线路至另一条线路运营的方式称为列车折返;具有列车折返能力的车站称为折返站。

5. 调度集中控制:在调度所列车调度员的统一指挥下,利用行车设备对一列车的到、发、折返等作业进行人工控制及调整的行车组织方式。

6. 非正常情况下的列车运行组织:在基本列车运行控制方式由于信号故障、道岔故障等原因而不能继续采用原行车控制方式的情况下的列车运行组织方式。

复 习 题

1. 简述行车组织的原则。(适合【初级工】)

2. 简述封闭及封锁的适用范围。(适合【中级工】)

3. 列车调度员发布口头命令有哪几种?(适合【中级工】)

4. 书面命令发布的内容包含哪些内容?(适合【中级工】)

5. 简述电话闭塞法的适用范围。(适合【高级工】)

6. 简述电话闭塞法解除条件。(适合【高级工】)

7. 列车折返方式有哪几种?(适合【初级工】)

8. 简述开放引导信号的规定。(适合【中级工】)

9. 代用闭塞法包括哪些?(适合【中级工】)

10. 简述工程车、轨道车开行的规定。(适合【技师】)

11. 说明人工准备进路的作业程序。(适合【技师】)

12. 发车(指示)信号显示方式有哪些?(适合【中级工】)

第三章　列车调度指挥

　　通过本章学习,使学员对列车调度指挥工作有全面认识。使学员了解调度工作制度;掌握正常情况下调度指挥的方法程序;掌握非正常情况下调度指挥的技巧;掌握列车清客、小交路运行及清客的时机及作业程序;了解列车调度员与相关岗位的工作接口。

第一节　调度工作制度

　　城市轨道交通系统组成复杂、技术密集,各工作环节紧密联系、协同动作,要求城市轨道交通系统必须实行集中领导、统一指挥的原则。运输调度正是实现城市轨道交通系统日常运输工作的指挥中枢,凡与运输有关的各部门、各工种都必须在运输调度的统一指挥下进行日常生产活动。列车调度的基本任务是:科学合理地组织客流,经济合理地使用车辆及其他运营设备,与运营有关的各部门紧密配合、协同动作,确保列车按图运行,完成运营生产任务,为城市的经济建设和人民的生活服务。

一、调度日常工作制度

　　日常工作制度包括交接班制度、文件传阅制度、员工大会制度、调班申请制度、安全管理制度等。

　　1. 交接班制度

　　交接班会在调度工作中具有承上启下的作用,当班的调度人员必须提前到岗,全面了解上一班需要跟进的工作和本班的生产任务。接班值班主任主持召开交接班会,听取各岗位的汇报,布置本班的工作重点,分配工作任务,并制定具体的工作措施。

　　2. 文件传阅制度

　　当值人员必须按时传阅最新文件,进行学习、贯彻文件的相关精神。在传阅文件后,当值人员应按要求签名并注明日期。

　　3. 员工大会制度

　　每月月初召开一次全体员工大会,总结上月的工作情况,并布置本月的工作任务,对重点工作内容提出具体要求,同时传达上级(公司或部门)会议精神。

　　4. 调班申请制度

　　调度岗位轮值必须按照排班表进行,遇特殊情况无法按照班表上班时,应与相同岗位的同事协商,双方一致同意调班后,由申请人填写"调度员调班申请表",经双方值班主任同意后调班。

5. 安全管理制度

安全管理制度包括安全例会制度、安全检查制度、安全演练制度、事故分析制度。

(1)安全例会制度

每月月初召开一次安全例会,总结上月的安全工作情况,对上月发生的故障、事件和事故处理进行分析和学习,同时布置本月的安全工作任务,对安全工作的重点内容提出具体要求,同时传达上级(公司或部门)安全会议的精神。

(2)安全检查制度

安全检查制度包括运营前检查、每周一查、非正班检查、消防检查以及安全大检查制度等。

①运营前检查制度

在每天运营开始前,列车调度员应检查车站和车辆基地的运营准备情况,填写"运营前准备工作检查记录表",并进行一次信号工作站操作功能检查,发现设备设施故障或其他异常情况时,应做好记录,并及时通知综合调度处理。

②每周一查制度

安全员每周检查安全培训记录、设备运行的安全、调度日志(兼交接班簿)、调度命令、线路施工作业登记表记录情况,故障及延误报告的填写等,发现问题及时提出整改。

③非正班检查制度

在非正班时间段,控制中心或上级部门领导不定期对控制中心进行突击抽查,检查各班组的两纪一化和安全运作情况。

④消防检查制度

安全质量管理工程师对消防设备是否符合安全,消防通道是否通畅进行的检查。

⑤安全大检查制度

逢元旦、春节等大节日时,在节前安全网络进行一次安全大检查,检查内容除了日常的安全检查内容外,还包括了节假日的运营组织方案和运作命令等。

(3)安全演练制度

为使调度员熟练掌握各种应急方案,提高调度指挥水平,各班组每月至少进行一次桌面演练。此外,各班组还需参加上级部门组织的突击演练。

(4)事故分析制度

发生事故后,当值班组要进行全面分析,分析不足,总结经验,写出事故处理报告,由控制中心上报;控制中心视情况召开全体成员的分析会,对事故的责任进行内部分析,制定防范措施,教育广大员工,防止出现同类事故。

二、书面报告填写

1. 运营日报

(1)值班主任每日编写运营日报,报告前一天运营计划完成情况。

(2)运营日报须送交公司领导、相关部门领导。

(3)日报主要内容主要包括:

①列车服务情况,包括事故、故障和列车延误及处理等。

②当日完成运送客运量、列车开行情况、兑现率及正点率。

③列车晚点、清客、下线、抽线、救援、加开等服务情况;有关工程车、试验列车运行方面的信息。

2.故障和延误报告

(1)列车调度员应在行车设备发生故障及造成列车延误时,及时填写故障和延误报告。

(2)故障和延误报告作为编写运营日报原始资料的一部分。

(3)故障和延误报告主要包括如下内容:

①发生故障的时间、地点、列车编组、报告人员及概况(故障现象)等情况。

②发生故障导致行车延误(直接延误、本列延误)、影响情况。

③所采用的调整列车运行措施。

④恢复正常运作的时间。

3.行车事故概况

(1)列车调度员应根据每件行车事故及时填写"行车事故概况",格式按《行车事故管理规则》中规定拟写。

(2)"行车事故概况"经主管部门审核后提交上级主管单位。

三、运营生产信息发布及分工协作

1.运营信息的分类

根据运营信息对运营影响的程度不同可分为以下三种:

(1)通报信息:因设备/设施轻微故障,对行车、服务、指标影响不大,只需相关专业工班做简单临时处理,可维持运营到结束后再进行维修的故障,控制中心可不发信息。

(2)预报信息:因天气、自然灾害等原因,事先无法确知事发的时间及程度,只能通过气象预报或媒体途径获得的有可能对城市轨道交通运营造成影响的灾害警报信息。控制中心在查询或接报(须确认)到相关的灾害警报信息后,须及时发送该警报信息,以便相关部门、中心人员提前做好应急准备,一旦发生,能够最大程度地降低此突发事件对运营的影响。

(3)急报信息:指对运营、服务影响较大,直接或有可能导致线路行车中断正常行车间隔两倍以上以及涉及车站关站、关口的重要设备/设施故障、自然灾害及治安事件等突发事件/事故,需控制中心立即发布信息,相关部门、中心立即做出应急响应后,才能恢复运营服务的信息。

2.信息发布的基本要求

(1)信息扎口。应急事件的现场,现场指挥是事发现场的始端信息扎口,控制中心值班主任是信息传递的中转信息扎口。

(2)条块结合。应急事件发生时,控制中心在向有关领导、部门、中心负责人、服务热线及相关人员以短信形式发送概要信息的同时,负有信息传递相关岗位职责的当班人员(如综合调度/检调负责通知分公司分管领导、物资设施部/车辆部、分公司其他职能部门等)负责以电话或口头方式向有关领导及本部门重要岗位人员进行详细信息的续报。

(3)分级响应。参与应急抢险的接报者、现场救援负责人及相关重要岗位人员在接报信息后,如需更进一步了解事态的详细信息,可主动打电话与负有信息中转的岗位联系。

（4）重点突出。控制中心接报事发现场的信息后,在发送短信的同时,还应向公司领导及相关单位通报。

（5）节点续报。发生重大事故或事件时,控制中心在配合故障处理的过程中,要与现场加强联系,故障处理到关键节点时,适时以短信的形式进行事件的前期、中期、后期处理进展情况的续报。

（6）快速反应。发生突发事件时,相关人员得到信息后,要快速赶赴事发现场及时有效处置突发事件,尽量缩小突发事件对运营的影响。

3. 信息发布的方式

列车调度员在向有关领导、相关岗位及外部接口单位发布信息时,可同时采用短信通知及电话通知的形式,对乘客可通过车站及列车相关媒介进行发布。

第二节 正常情况下调度指挥

城市轨道交通具有行车密度高、运营间隔小、安全运营要求高等特点。根据信号设备所能提供的运行条件,一般分为调度集中控制、调度监督下的自动运行控制和半自动运行控制三种方式,按照列车运行图规定的行车计划组织列车运行。

一、列车调度调整的基本原则和日常工作内容

1. 基本原则

在日常城市轨道交通行车组织中,列车调度的调整原则是"安全、有序、高效、服务"。

（1）安全。企业生存与发展的生命线,任何情况下的运营组织调整都必须把安全工作放在首位,必须确保行车安全、乘客生命财产安全及设备安全。

（2）有序。在运营调整时,列车调度要有全局观,不能只顾故障区段或设备故障,而要两头兼顾,维持正常区段的运营。

（3）高效。在突发事件的运营调整中,要做到"三个迅速",即对突发事件反应迅速、信息流通迅速、处置迅速,把握事发初期的关键时间,将影响控制在最小范围。

（4）服务。运营是服务的基础,运营调整必须要考虑对服务及乘客的影响,并将相关运营信息及时告知乘客,最大限度地减少损失,降低影响。

2. 日常工作内容

围绕以上内容,列车调度员指挥列车运行日常工作有:

（1）组织制定行车、电力、环控调度规程,参与运营技术管理、行车组织等规程及突发事件预案,并组织实施。

（2）组织、控制有关行车人员按运行图行车,遇到列车晚点和突发事件时,及时采取调整措施,迅速恢复列车正常运行。

（3）密切注意客流动态,并按规定负责下达和通知自动售检票系统有关单位实行相关运营方案。

（4）负责行车、设备事故及突发事件的救援抢修的调度指挥,采取有效措施防止事

故扩大,尽快恢复正常运行;按事故报告程序及时做好上报和下达工作。

(5)负责编制和组织实施正线的施工、调试列车的作业计划。

(6)建立、健全生产运营、调度指挥等各项原始记录、统计和分析表,并按规定向上级主管部门上报。

(7)维护调度纪律,督查各基层单位执行列车调度员度命令和有关规章制度的情况,发现问题立即采取相应措施。

二、正常情况下列车运行组织的程序

1. 运营服务前的准备工作

运营服务前的准备工作是安全运营的前提,通过对技术设备、运营人员、车辆状况的检查,达到开始运营的条件,才能维护正常的运营秩序。

(1)列车调度员根据"正线施工作业一览表"检查当晚的所有维修施工及调试作业是否完毕,并已销点;线路巡视工作已完成并符合行车条件,方可进行后续的运营前准备工作。

(2)运营前 30 min,列车调度员应检查各车站信号楼运营前的准备工作。各车站值班站长(值班员)、信号楼调度以及派班员应及时向列车调度员汇报以下内容:

①车站值班员

a. 运营线路空闲、施工结束、线路出清、无防护,行车设备正常。

b. 行车设备、备品齐全完好(站务人员必须检查正线上红闪灯等各种临时防护设施是否已经撤除,并按要求摆放好)。

c. 相关人员到岗情况。

d. 道岔功能正常,站台无异物侵入限界。

②信号楼调度员

a. 当日使用列车、备用列车安排情况(信号楼调度传真列车出场顺序表至 OCC)。

b. 设备正常情况。

c. 人员到岗情况。

③派班员

司机配备以及就位情况。

(3)试验进路、道岔的要求:

①列车调度员接到巡视完毕报告,确认线路出清后,通知联锁车站可以进行相关操作(试验进路、道岔),并把相关信号设置为自排/追踪状态,列车调度员检查相关结果。

②当试验期间发现异常,列车调度员应及时通知综合调度,派人检查抢修,无法修复时,应立即采取应急措施,尽可能把对运营的影响降到最小范围。

(4)确认当日"列车运行图"并核对时间的要求:

①根据运作命令的要求执行相应"列车运行图"。

②在每天运营前列车调度员用全呼功能,与车站值班员、信号楼调度、派班员核对当日"列车运行图"以及钟表时间、说明相关注意事项。

2. 运营服务期间

(1)调度首班列车要求

①列车调度员应严格按照列车运行图指挥行车,按时组织列车进入正线,到达指

定位置。

②开行首班车时,要求司机按照限速以 SM 模式驾驶,加强瞭望,注意线路情况。

(2)铺画列车实绩运行图

①根据《行车组织规则》中的有关规定,向各报点站(报点站根据《行车组织规则》规定)收点后,铺画列车实绩运行图。

②按照规定的符号铺画实绩运行图。

(3)调整列车运行

正常情况下,列车的运行由 ATS 系统自动调整,必要时,列车调度员可人工介入,关闭列车的 ATR 功能,人工修改列车的运行时分、停站时分和折返时分,进行列车运行调整。列车调度员人工修改列车的运行时分、停站时分和折返时分的值必须在系统给出的缺省值的范围内。当列车发生早点时,列车调度员可以在信号工作站上扣车或通知联锁车站操作扣车,适当延长列车的站停时分,使列车在本站正点开出。当列车发生晚点时,列车在车站停稳后,列车调度员可以在信号工作站上操作取消列车的停车点,减少列车停站时分。此外,在确保安全的前提下,列车调度员还可以采用站前折返、备用车顶替晚点列车、列车中途折返、抽线、单线双向运行、反方向运行等各种灵活的调整方法来调整列车运行。

3. 结束运营服务及列车回库安排

(1)结束运营服务

①列车调度员根据列车运行图,组织末班车正点运行,末班车禁止早点开出。

②密切关注相关大客流车站的关站情况,做好尾班车的客运服务工作。

(2)列车回库安排

列车回库的安排,按列车运行图的要求组织列车回库,信号楼按照检修作业需求和次日出车顺序安排停车股道。

第三节 非正常情况下调度指挥

非正常情况主要是指本线或其他线路发生突发事件,列车需降级运行或无法继续执行正常的计划时。列车调度员根据现场实际情况采取运营调整手段、运营方案变更,以满足实际运营的需要,提高服务质量,降低经济损失。

一、非正常情况下调度指挥基本方法

在城市轨道交通运营组织中,列车调度员应严格按照列车运行图组织行车。当列车偏离运行图计划时,列车调度员要及时进行调整,尽快恢复列车正点运行。列车调度员在进行运营调整时,必须考虑到列车运营调整后对运营和服务的影响,做到安全、高效的恢复正常运营。正常情况下,当列车出现延误,OCC 列车调度员的处置一般有如下几种调整手段:扣车、调整终点站发点、列车限速运行、调整停站时间、运休列车(收车)、加开列车、列车替开、变更交路以及载客通过等。

1. 扣车

列车调度员应根据列车可能在区间长时间停留或列车进入前方非安全区段,需采用扣车手段。因安全因素进行的扣车,必须在确认安全后方可取消扣车,因运营调整而进行的扣车作业,原则上单站扣车时间不大于 5 min,被扣停列车在站台开门待令。

2. 调整终端站发点

由于某种原因,实际列车上线数少于图定列车数或线路发生拥堵时,调度员应采用调整终端站发点措施,遇非正常情况,列车调度员为保证列车运行秩序,也可采取终端站早发或晚发措施。

3. 列车限速运行

除线路故障造成的区间限速外,调整时为减少或增加列车在区间的运行时分,可采用改变列车运行速度的措施。

4. 调整停站时间

通过扣车或更改车站停站时间,以缩短列车与前后列车的间隔。

5. 运休列车(抽线)

由于设备故障等原因,造成线路拥堵严重,调度员应主动采取安排列车回库、进存车线(折返线)停运的措施。

6. 加开列车

遇突发性客流增加或列车晚点造成客流积聚时,调度员应进行备用车的加开,达到增加运力,缓解客流压力采用的措施。

7. 列车替开

通过备用车替开计划列车(换表),减少列车晚点,尽快恢复列车按图行车,列车替开统计应符合运行图统计规则。

8. 变更交路

通过变更列车终到目的地,以满足运营的需要。主要适用于:前方区段异常,防止列车进入;均衡不同区段列车运能(大小交路列车密度的变更,上下行列车密度的变更)。

9. 改变折返方式

当终端站具有 2 条及以上折返线时,在列车高密度到达的情况下,调度员可采取2 条折返线交替折返,以缓解车站的到达压力,有效及时的开通区间;当终端站具备站前站后折返模式时,在站后折返设备发生故障时(如道岔故障),可采用站前折返方式,有效降低故障影响。

10. 载客通过

在车站不具备乘客安全乘降条件以及列车晚点可能或已经造成后续列车发生拥堵时,列车调度员可安排载客列车在部分车站通过,以达到恢复行车间隔,确保线路通畅和乘客人身安全的目的。载客通过是列车调度员调整列车运行间隔,组织按图行车的重要手段。

二、列车清客

当列车出现故障不能保障继续正常载客运行或由于线路拥堵调度员进行运营调整时,需对列车进行清客作业,以保证乘客、列车运行的安全或防止线路堵塞。

1. 遇下列情况之一,应及时清客:

(1)由于车辆牵引、制动故障,不能满足运营要求。

(2)列车车门故障,需要切除门联锁旁路动车时。

(3)列车车厢发现不明原因的火情、烟雾时。

(4)列车担当救援列车时。

(5)运营秩序紊乱,列车临时办理折返作业。

(6)列车切除 ATP 运行造成较大影响时。

(7)公安要求,临时调整。

(8)其他在列车排故手册中要求的。

2. 清客程序:

(1)在列车运行过程中,若上述原因必须故障清客,司机应立即向列车调度员报告,根据调度命令执行清客作业。遇调度运营调整时,由列车调度员直接向关系车站与列车下达调度命令。

(2)列车调度员做出清客调整决定后,因尽快通知司机、车站做好清客广播,并做好后续列车调整。应提前通知清客车站及公安热线配合。

(3)清客完毕后,由车站通知司机关门,车门关好后,司机与列车调度联系动车。

(4)清客 2 min 以后,若车上仍有少数乘客未下车,车站通知司机车内乘客情况,司机与列车调度员联系,确定是否再清或关门动车。

(5)如无法清客完毕,所在车站应报告列车调度员,并派员跟车并将滞留人数报告列车调度员,由跟车人员负责将乘客组织引导至运行方向第一节车厢。由列车调度员预先通知公安警力支援并安排故障列车在退出正线二次清客车站前再次组织清客。如发生乘客不肯下车,强行滞留列车上,列车调度员在决定列车回库后,应通知公安、信号楼、安保部等部门。

(6)司机发布清客广播 2 min 后关闭客室照明,以提高清客作业效率,但在清客站站台照明失效时禁止关闭客室照明。

(7)故障清客列车按列车调度员命令,进入折返线或回库,列车司机应根据信号正确开放及限速要求手动模式驾驶列车,以确保列车的运营安全。

(8)原则上不安排两列车连续在同一车站进行清客作业。

(9)在清客过程中,列车故障被排除可恢复运行时:

①若已清客完毕,可不组织重新上客,放空至前方站后,再决定是否载客。

②若清客未完成,列车调度员应通知车站、司机停止清客,恢复载客运行。

三、列车小交路运行

(1)值班主任决定小交路方案,列车调度员按方案执行。

(2)列车调度员及时交出控制权,要求车站取消相关进路上道岔的单独锁定,将相关信号机设置为人工排列状态。

(3)列车调度员向车站发布清客命令,布置小交路方案,发布加开(改开)命令。交由车站负责排列折返进路,重点监控折返进路排列及清客情况。

(4)列车调度员向司机发布清客命令,布置小交路方案,发布加开(改开)命令。

(5)较长时间固定小交路运行时,列车调度员可采用书面命令方式通知车站、信号楼及派班室做好配合。

四、列车反向运行

列车反向运行主要用于特殊情况时的列车运行调整以及列车故障救援运行。列车反向运行时一般有两种行车方式：人工 ATP 手动驾驶与切除 ATP 人工驾驶。

（1）凡本线路信号设备支持反向运行且反向区段具有 ATP 速度码，其列车反向运行按人工 ATP 方式办理，行车凭证为列车收到的速度码，发车凭证为调度命令。

（2）列车反方向切除 ATP 运行时，列车行车凭证为列车调度员下达的命令。在列车反方向运行过程中需要满足规定的运行区间间隔和列车运行速度要求。同时严禁对向列车进入与反向运行区段末端相邻一个站间区间，列车调度员应实施扣车措施，确保行车安全。

（3）遇屏蔽门车站，司机必须手动操作站台反向端 PSL 控制箱开关屏蔽门；若反向端未安装 PSL 控制箱，列车调度员应提前通知车站进行屏蔽门的操作。

（4）列车调度员负责重点跟踪调度指挥，确保反向运营列车的安全。

第四节　列车调度员与相关岗位的工作接口

一、值班主任与电力调度员、环控调度员、综合调度的接口

（1）值班主任负责协调本班各调度工作，组织、处理运营中发生的故障和事故。

（2）当发生事故和突发事件时，由值班主任指挥各调度员的工作，电力调度员、环控调度员负责了解相关设备的受影响情况，并提供事故、事件和救灾的配合处理方案，经值班主任确认后各自执行，并适时汇报进展情况。电力调度员负责提供供电配合处理方案，环控调度员负责提供环控配合处理方案，综合调度负责协助值班主任确定抢修、开通方案并负责组织相关专业技术人员对故障进行的处理或抢修，设法了解处理时间，并适时汇报处理进展情况。

二、列车调度员与电力调度员的接口

1. 接触网停/送电

（1）运营结束后，列车调度员通知电力调度员运营结束接触网可以停电，由电力调度员填写停电通知单，经值班主任审批后交电力调度员办理停电手续，电力调度员确认接触网停电后，通知列车调度员。

（2）施工结束后，列车调度员确认送电区段符合送电条件后，填写送电通知单，交电力调度员办理送电手续，电力调度员确认接触网已送电后，通知列车调度员。

（3）事故抢险时，列车调度员口头通知电力调度员立即停电；供电设备临时故障时，电力调度员告知列车调度员即可自行停电，事后补填停电通知单。

（4）接触网停/送电时，列车调度员须通知有关车站，通知的主要内容有：

①停/送电号码。

②停/送电区域。

③停/送电时间。

④电力调度员和列车调度员工作代号(或姓名)。

2. 牵引变电所跳闸或故障时

(1)电力调度员接报变电所跳闸或发生故障时,应立即通知列车调度员,列车调度员在值班日志上作记录,并通知车站和司机查找跳闸原因,并把信息及时反馈给电力调度员。

(2)牵引变电所跳闸或故障后,不能以正常方式供电时,电力调度员提供越区供电方案,经值班主任同意后,实行越区供电。

3. 用电量

(1)电力调度应于每日统计前日牵引、动力照明和总用电量数值,供值班主任填写运营日报使用。

(2)发现牵引或动力照明用电量异常时,电力调度应及时查找原因、报值班主任,并在"运营日报"上说明。

三、列车调度员与环控调度员的接口

1. 环控系统开启和关闭

正常情况下,环控调度员按列车运行图规定的时间,在运营开始前和结束后开启和关闭车站环控大系统。

因特殊情况,加开列车或列车晚点须延误收车时间时,列车调度员通知环控调度员提早或推迟开启和关闭车站空调大系统。

2. 开启隧道风机

(1)非运营时间,因检修施工、工程车开行需要开启隧道风机时,环控调度员根据计划通知有关车站开启。

(2)发生列车在隧道内停车超过 2 min 时,列车调度员口头通知环控调度员,检查隧道风机是否开启。

(3)当发生车站、列车、区间隧道火灾事故时,谁先接报谁通知当值全体调度。各调度员按值班主任的组织去处理,环控调度员应首先按火灾模式进行中央控制或组织车站启动各减灾、救灾设备运作。

3. 环控系统的施工协调

有关环控、给排水、低压配电、电扶梯的维修施工由环控调度员管理,当施工占用行车轨道时,还需列车调度员同意;涉及停电作业时,需与电力调度员确认。

四、列车调度员与综合调度的接口

(1)列车调度员接到影响行车的设备(信号、通信、线路、车站设备、供电)故障时,应及时通报综合调度。对于中央级工作站故障,列车调度员可同时报工班抢修。

(2)综合调度接报后,除及时组织有关人员处理外,还应在故障处理过程中随时把处理进展和故障的初步原因通报列车调度员。

(3)在设施设备维修部门管理范围内的设备故障(事故)处理中,当列车调度员发布封锁命令并授权综合调度进行故障(事故)处理指挥时,封锁区间内的故障(事故)处理组织指挥工作由综合调度负责,直至处理完毕确认恢复行车条件后,列车调度员收回授权时止。

(4)影响正线、辅助线的设备检修施工作业计划,由列车调度员(或值班主任)与综合调度(维修中心计划工程师)协商。

(5)在检修施工作业计划执行中,遇到问题,由综合调度协助列车调度员解决。

(6)在非运营时间正线检修施工作业铺开后,遇到救援抢险需要开行救援列车时,救援列车通过的线路上所有作业必须提前清场,由值班主任提出出清线路时间,综合调度负责按要求命令该区域的作业人员结束作业、出清线路。

关键名称与概念

1. 扣车:列车调度员为防止列车在区间长时间停留或进入前方非安全区段而采用的调度手段。

2. 运休列车(抽线):由于设备故障等原因,造成线路拥堵严重,列车调度员主动采取安排列车回库、进存车线(折返线)停运的措施。

3. 加开列车:遇突发性客流增加或列车晚点造成客流积聚时,列车调度员进行备用车的加开,达到增加运力,缓解客流压力采用的措施。

4. 列车替开:列车调度员通过备用车替开计划列车,减少列车晚点,尽快恢复列车按图行车的调度手段。

5. 载客通过:在车站不具备乘客安全乘降条件以及列车晚点可能或已经造成后续列车发生拥堵时,列车调度员安排载客列车在部分车站通过,以达到恢复行车间隔,确保线路通畅和乘客人身安全的目的。

复习题

1. 日常工作制度包括哪些内容?(适合【初级工】)

2. 一般说来,调度运营信息包含哪些内容?(适合【初级工】)

3. 调度信息发布的基本要求是什么?(适合【初级工】)

4. 列车调度员列车运行指挥日常工作有哪些?(适合【中级工】)

5. 调度首班列车有哪些要求?(适合【中级工】)

6. 列车出现延误OCC列车调度的处置一般有哪几种调整手段?(适合【中级工】)

7. 简述扣车的定义。(适合【高级工】)

8. 简述运休列车(抽线)的定义。(适合【高级工】)

9. 简述变更交路主要适用范围。(适合【高级工】)

10. 简述不同折返方式的适用范围。(适合【高级工】)

11. 简述列车清客的定义及清客的时机。(适合【技师】)

12. 简述清客的程序。(适合【高级技师】)

第四章　城市轨道交通施工检修管理

　　通过本章学习,使学员对城市轨道交通施工检修管理有全面认识。使学员了解施工分类;掌握施工计划管理及施工的组织实施过程;了解接触网停电挂地线作业方法;掌握工程车开行组织及调试列车开行组织程序;了解抢修施工作业过程。

第一节　施工的分类

一、施工等级分类

　　施工等级分为:一级施工、二级施工和三级施工。

　　(1)一级施工是指作业内容复杂、影响面较大、需多部门、多专业联合的施工作业,如新建线路、旧线改造、接触网换线、轨道应力放散等。

　　(2)二级施工是指影响面较小、多专业联合的施工作业,如道岔更换、多辆工程车配合的施工等。

　　(3)三级施工是指作业内容简单、只需单个部门或中心配合的施工,如堵漏、道岔检查、接触网检修等。

二、施工计划分类

　　1. 按时间分类

　　(1)月计划

　　汇总一个月的设施设备施工、检修、维护及工程车、调试电客车开行的计划。

　　(2)日补充计划

　　在月计划里未列入的对行车有一定影响的检查、维修计划进行补充的计划。

　　(3)临时补修计划

　　运营时间内对行车有一定影响的设备进行临时抢修,须在停运后继续设备维修的作业,特殊情况下未列入月计划和日补充计划须在当日进行的施工作业。

　　2. 按施工作业地点和性质分类

　　(1)影响正线、辅助线行车的施工为 A 类;其中在正线、辅助线开行电客车、工程列车的施工为 A1 类;在正线、辅助线不开行电客车、工程列车的施工为 A2 类;车站、地铁大厦以及变电所等范围内影响正线、辅助线行车设备设施的施工为 A3 类。

　　(2)在基地/车场的施工为 B 类;其中开行电客车、工程列车的施工(不含库内)为

B1 类；不开行电客车、工程列车但在基地/车场线路限界内不能随时出清或影响基地/车场接触网供电的施工为 B2 类；能随时出清、不影响电客车、工程列车安全通过的，在基地/车场试车线临时的电客车调试，不需要工程车配合的接触网练兵线上作业，在基地/车场线路限界外 3 m 内种植树木、搭建相关设施及影响基地/车场行车的施工为 B3 类。

（3）在车站（设备房）、变电所、地铁大厦等场所进行不影响行车的施工为 C 类，其中在车站（设备房）、变电所、地铁大厦等场所内大面积影响客运服务、消防设备正常使用的施工，需动火的施工，用电负荷大于 2 kW 或需增加临时线路、配电设备、增容、单独计量的施工为 C1 类；其他局部影响客运服务或采取措施影响不大且动用简单设备设施（如动用 220 V 及以下的电力、钻孔等，不违反安全规定）的施工，用电负荷小于或等于 2 kW，且仅通过车站现有墙面（地面）插座用电的施工为 C2 类。

第二节　施工计划管理

一、施工计划管理的要求

（1）对行车设备检查、维修、客车调试工作，应加强计划性。对于下列情况中属正常修程内的应提报月计划：

①工作量大、条件复杂、运行线路上必须封锁线路的施工。

②对行车影响较大的施工作业。

③必须由施工列车配合的施工作业。

④运营时间内在车站公共区域进行的影响运营服务的施工检修作业。

⑤其他需要以书面形式申报的施工检修作业。

（2）月计划应结合运营公司设备检修计划编制。

（3）对于未列入月计划，因设备检修需要，应提报日补充计划。

（4）运营时间对设备进行临时抢修后还未完全达到设备的正常运行功能，须在停运后继续设备维修的作业为临时补修计划。

二、施工计划编制原则

（1）月施工计划的安排应在确保安全的前提下，考虑均衡安排，避免集中作业。

（2）处理好列车的开行时间和密度、施工封锁等几方面的关系，避免抢时、争点现象（原则上车与车、人与车需有一定的安全间隔；调试作业的供电分区对应的空闲线路区域不得安排其他作业）。

（3）为方便施工单位作业，施工计划内各项作业应注明施工日期、作业起止时间、作业内容、作业区域（施工计划中如果没有注明不含车站，即含车站；基地/车场内作业如果没有注明不含库内，即含库内）、安全事项及其他应说明的问题（列车编组、行车计划、配合部门及详细配合要求、联系电话等）。

（4）经济、合理地使用机车车辆，避免浪费资源。

第三节 施工的组织实施

一、检修施工组织

1. 施工检修的有关规定

(1)设备检修施工组织。

①在客车运行时间内,原则上不准进行影响行车的有关设备检修作业。

②对处于进路锁闭状态的信号、联锁设备,严禁进行检修作业。

③正在检修中的设备需要使用时,须经检修人员同意。

④进入正线、辅助线及影响正线行车的施工须经列车调度员同意;进入车场内线路及影响车场内行车的施工须经信号楼调度员同意。

(2)任何人进入正线和辅助线均须得到列车调度员的批准。

(3)运营时间的设备抢修及非运营时间的施工组织原则。

①运营时间的设备抢修必须遵循先通后复的原则,在不影响运行安全的前提下,先应急处理恢复行车,待运营结束后再组织进一步的维修。

②非运营时间的施工组织,凡需进入轨行区、影响列车运行或对车站客运服务带来较大影响的施工作业,须有施工计划的批准方可安排施工。

③运营时间内临时抢修作业由调度指挥中心负责安排。非运营时间的施工,因抢修需要的临时补修计划有优先权,控制中心在组织实施施工计划时,有调整权。

④运营时间的设备抢修及非运营时间施工组织的具体要求在《施工检修管理办法》中规定。

2. 检修施工期间列车调度员的职责

(1)批准和终止施工领域。

(2)允许和终止进入正线和辅助线轨道。

(3)安排检修施工作业。

(4)批准正线检修施工时,按要求填写"线路施工作业登记表"。

(5)执行线路出清程序。

3. 施工计划的执行

(1)列车调度员按"施工行车通告"的要求,组织周计划的实施。

(2)列车调度员按日补充计划和临时补修计划组织实施。

(3)列车调度员安排工程车的开行和施工领域的落实。

(4)值班主任根据需要,有权对施工领域的安排做出适当调整。

二、施工安全管理

(1)人、工程车在同一区域作业时,由施工负责人统一负责,需要动车时,由施工负责人向司机下达指令,司机按正确的指令执行。

①按施工前进方向,列车在前,人员在后,原则上不得颠倒或列车运行前后皆有

作业。

②非随车施工人员与列车应有一定的安全间隔距离,原则上列车不得随便后退,如有需要退行时,车长(司机)应听从现场施工负责人的指挥,按要求退行,确保人身安全。

③作业人员应在自己现场作业区来车方向设置红闪灯防护。

(2)工程车或调试列车的作业区域两端必须保证至少一个站台或区间空闲。

(3)凡进入线路施工的施工作业人员必须穿荧光衣,并根据作业性质及作业要求使用其他安全防护用品。

(4)施工单位在作业期间需要接触网停电或接触网停电挂地线的,应在施工申请表中明确提出配合要求,施工请点时要确认接触网确已停电才能开始作业。如无停电要求,接触网一律视为带电体。

(5)施工作业过程中如要进行动火作业,必须按照相关消防安全管理制度办理动火令及作业,严禁在无动火令的情况下进行动火作业。

(6)如需用电,必须按照相关规定进行办理,归口管理单位负责监督外单位用电安全。

三、施工防护

(1)每项属于 A 类、B 类、C 类(B3、C2 类除外)作业需设立施工负责人,辅站另设施工联络人。

(2)施工防护的相关规定

①接触网停电检修或需接触网停电配合挂地线时,由供电操作人员负责在该作业地段两端挂接地线并设置红闪灯进行防护。

②站内线路施工时,由施工负责人在车站两端头轨道上设置红闪灯防护(特殊情况下,昼间高架车站派专人使用红色信号旗或红牌进行防护)。

③在区间封锁线路的施工,作业前,由请点车站站务人员设置红闪灯,并通知作业区另一端车站站务人员放置红闪灯防护。施工结束后,站务人员撤除红闪灯,并通知作业区另一端车站站务人员撤除红闪灯。如遇跨越站内站间封锁施工时,站务人员应在车站内另一端墙门处设置红闪灯防护。全线进行封锁的施工作业,无需放置红闪灯进行防护。

④下轨行区作业的人员应自身做好安全防护,固定作业地点的作业,施工单位负责在施工区域的两端的轨道中央设置防护信号或派专人防护;轨道或设备巡检作业可以不在施工区域两端设置红闪灯防护,但施工区域两端的车站应做好防护,必要时在端墙门处设置红闪灯进行防护。

⑤车站值班人员到站台检查红闪灯是否按规定摆放,并监督红闪灯状态是否良好,并对设置的红闪灯是否按规定摆放、状态是否良好进行不定期检查。

⑥基地/车场内的设备检修施工和防护的有关规定按《基地/车场运作规则》执行。在试车线的隧道内进行施工作业时,应在隧道口的线路中央放置防护信号进行隧道内的防护,施工负责人亲自或派专人对防护信号状态是否良好进行不定期检查。

⑦凡在运营时间内进行作业,必须做好防护措施,确保城市轨道交通乘客的安全,最大限度减少对乘客的影响。

⑧施工作业时除严格执行施工规定及相关安全规定外,并按施工部门的有关施工操作程序的防护规定执行。

⑨特殊情况下多家施工单位进入同一封锁区间内施工的,由主要施工单位负责防护以及请、销点,主要施工单位由施工计划协调小组指定。

四、施工组织

1. 按性质、地点分别组织

(1)A类作业,须经列车调度员批准,方可进行。

(2)B类施工作业经信号楼调度员同意方可进行;如影响正线行车须报列车调度员批准。

(3)C类作业,施工单位经车站值班站长(车站值班员)/电力调度员/环调等批准方可施工,外单位施工按外单位施工管理流程进行。

2. 请点规定

(1)属于A类的作业,具备施工条件后,由车站值班员向列车调度员请点,得到列车调度员的准许后方可施工。

(2)属于A类作业,但需由多个车站进入施工的作业项目,施工负责人除到主站按规定办理外,另需核实辅站情况。辅站施工联络人在辅站办理登记手续,辅站值班员向主站值班员报告施工事项并请点。主站接到列车调度员允许施工的命令后,向施工负责人及辅站传达,辅站值班员允许施工联络人开始该作业点的施工。作业区域同时包含正线(含联络线)和基地/车场线路时,施工负责人到信号楼请点,信号楼调度员在审核批准该项施工后,向正线(含联络线)管辖列车调度员请点,征得同意后,方可允许施工单位施工,同时通知作业区域内的车站。

(3)属于B类的作业,施工负责人到信号楼处填写"基地/车场施工、检修登记表"请点,施工具体操作程序按《基地/车场运作规则》的规定办理,经信号楼调度员同意后施工(基地/车场内进行影响正线行车的作业应经列车调度员批准)。

(4)属于C类的作业,施工负责人到车站/变电所登记请点。

(5)施工负责人须持施工工器具、物料清单、外单位施工作业许可单、施工负责人合格证(或成绩单)、出入证、施工作业令。

主站指施工负责人到某个车站登记请点施工的车站称为主站。

辅站指同一线路同一施工项目多站进行时,施工联络人到其作业区域包含的各站(除主站外),登记请点的车站称为辅站。

3. 销点规定

轨行区的施工作业,销点作业时,施工负责人持施工工器具、物料清单(如施工工器具、物料损耗或增加,应注明)交销点站备案,施工工器具、物料由施工负责人专人负责清点、管理。

(1)A类作业,施工负责人确认施工区域出清,报车站,由车站向列车调度员销点。作业区域包含基地/车场和正线的施工作业,施工负责人在出清施工区域后,向信号楼调度员销点,信号楼调度员在办理销点手续时必须同时向列车调度员办理销点,同时通知作业区域内的车站。

（2）B、C类作业施工完毕后，施工负责人负责施工区域的出清后到基地/车场信号楼调度员或车站值班员处销点。

（3）当多站销点时，辅站施工联络人负责本段线路出清并报施工负责人后，在辅站销点；辅站值班员向主站值班员销点；施工负责人在该项作业区域全部出清后，报主站值班员销点，主站值班员向列车调度员销点。

（4）需异地销点的施工，施工负责人应在"车站施工登记表"备注栏中注明异地销点的地点。请点站值班员及时通知异地销点的车站值班员。

（5）当施工只有一组人员作业，需异地销点的，施工负责人向销点站登记销点，销点站经与施工负责人核对销点的施工内容、施工人数、地点等全部无误后，记录作业代码、作业人数、施工负责人等，并向请点站核对无误后，准予销点；销点站向请点站销完点后负责向列车调度员销点，列车调度员同意销点后通知请点站相关事宜。

（6）当施工作业有多组人员进行，需异地销点的，施工负责人统一向在主站登记的销点站登记销点，销点站经与施工负责人核对销点的施工内容、施工人数、地点全部无误后，记录作业代码、作业人数、施工负责人等，并向请点站核对无误后，准予销点，销点站向请点站销完点后负责向列车调度员报告销点。

4. 非运营时间的设备检修施工

（1）每日运营结束后，施工检修单位按计划对各设备系统进行检修作业，并应于规定时间内完成对运行线路巡道和施工线路出清程序。

（2）站间正线线路在两站之间作业需要开行工程列车时，由列车调度员指定的车站值班员负责掌握施工情况，监督施工安全。

（3）在正线及辅助线施工开始前，施工负责人应进行施工登记，经列车调度员批准、发布命令。车站签认，通知作业负责人设置防护信号。监督施工人员进入正确的施工区域。

（4）施工结束后，施工负责人负责线路出清、人员撤离现场，施工负责人经检查确认撤除防护后，办理注销施工登记手续，车站报告列车调度员销点。

（5）进入线路的施工不论是否需要封锁站间正线线路，车站值班员均应在施工开始前和结束后报告列车调度员。

第四节　接触网停电挂地线

城市轨道交通施工检修作业，涉及接触网停电挂地线作业的情况，为保证作业人员自身及设备、设施的安全，需制定特定的作业流程。

一、正线施工作业，自身挂拆地线的执行程序

（1）施工负责人到车站登记请点，车站向列车调度员请点。

（2）线路出清后，列车调度员通知电力调度员停电。

（3）列车调度员接到电力调度员已停电的通知，向车站发布停电通知，列车调度员确认施工负责人已与电力调度员请完点后批准车站请点。

（4）车站接到列车调度员的通知，做好安全防护后方可批准施工负责人施工。

(5)施工结束,施工人员出清施工现场,施工负责人向电力调度员销点并向车站销点,车站报告列车调度员销点,列车调度员向电力调度员确认地线撤除、线路出清后方可同意车站销点。

(6)列车调度员确认可以送电,通知电力调度员送电。

(7)电力调度员根据列车调度员的要求送电。

二、正线施工作业,需配合挂拆地线的执行程序

(1)施工负责人到车站登记请点,车站向列车调度员请点。

(2)线路出清后,列车调度员通知电力调度员停电。

(3)列车调度员接到电力调度员已停电的通知,向车站发布停电通知,并确认可以挂地线后,通知电力调度员可以挂地线。

(4)电力调度员接到列车调度员可以挂地线的通知,通知现场挂地线,确认完成后由供电力调度员通知列车调度员。

(5)列车调度员接到挂好地线的通知后,通知车站准许施工。

(6)车站接到列车调度员的通知,做好安全防护后即可批准施工负责人开始施工。

(7)施工结束,施工负责人向车站销点,车站报告列车调度员销点。

(8)列车调度员接到车站销点并确认后,通知电力调度员施工结束。

(9)电力调度员获知施工结束后,通知现场拆除接地线。

(10)电力调度员确认现场已拆除接地线,施工人员已出清施工现场后通知列车调度员。

(11)列车调度员接到电力调度员地线已拆的通知,列车调度员确认销点生效,并确认可以送电,通知电力调度员送电。

(12)电力调度员根据列车调度员的要求送电。

三、跨线作业接触网停送电作业流程

(1)接触网检修作业的施工负责人到相关车站登记请点,车站向列车调度员请点。

(2)线路出清后,列车调度员通知本线电力调度员停电,然后向邻线列车调度员请点。

(3)邻线列车调度员待线路出清后,通知电力调度员停电。

(4)列车调度员接到电力调度员已停电的通知,向车站发布停电通知。

(5)本线列车调度员得到邻线列车调度员同意,确认施工负责人已与本线电力调度员请完点后批准车站请点。

(6)车站接到列车调度员的通知,做好安全防护后方可批准接触网检修人员开始施工。

(7)施工结束,施工人员出清施工现场,接触网检修施工负责人向电力调度员销点并向车站销点,车站报告列车调度员销点,销点线列车调度员经请点线列车调度员同意和向电力调度员确认地线撤除、线路出清后,批准方可同意车站销点。

(8)具备送电条件后,列车调度员各自通知本线电力调度员送电。

(9)电力调度员根据列车调度员的要求送电。

第五节　工程车开行组织

一、工程车开行依据

（1）按"施工行车通告"或日补充计划或临时补修计划的规定和要求执行，发布工程车开行的调度命令。

（2）临时的特殊情况按列车调度员命令执行。

二、工程车运行指挥

（1）非运营时间，列车调度员负责工程车进路监控，与工程车司机、车长的联络及与各站（含基地信号楼）布置、落实工程车开行的有关事宜；负责与相关车站办理施工请点登记、审批和销点工作。

（2）工程车开车前发布好相关的书面调度命令。

（3）列车调度员在同意工程车开车前，必须在"线路施工作业登记表"上确认工程车运行的前方进路无施工作业，并在OCC联锁工作站上确认工程车运行的前方进路已准备好。

（4）在工程车出基地前，工程车司机要与列车调度员试验无线电的性能；工程车在运行中列车调度员要加强与司机和车长的联系，掌握工程车运行计划，确认进路。

（5）列车调度员组织工程车正线运行时，应尽量避免分段行车；当前方施工作业未按时结束或因特殊情况须组织工程车分段运行时，应提前一个站扣停工程车，并使用调度电话，通知工程车司机允许运行的起、止站，受令人必须要原话复诵。

（6）遇到以下情况时列车调度员提前通知车站接发工程车：

①向司机发布书面调度命令。

②当列车调度员使用无线电联系不到司机时，须通过车站拦停工程车询问情况。

③临时需要拦停工程车。

三、工程车在封锁区间开行

发布封锁区间命令前，由列车调度员将封锁区域道岔开通正确位置并单独锁定后通知车站。发布封锁命令后，各有岔站根据调度命令确认道岔位置。

工程车在封锁区域内作业，原则上进路的道岔不得转动，若因作业确需转动道岔时，应按"问路式"调车方式办理。由施工负责人向车长提出，车长与车站联系动车计划，车站值班员方可操作道岔转动，并单独锁定该道岔后，通知车长进路准备完毕，车长听从施工负责人指令动车。

第六节　调试列车开行组织

一、开行调试列车的前提条件

（1）在非运营时间进行或在不开行载客列车的线路上进行。

（2）开行调试列车的线路已执行线路出清程序。

二、开行调试列车的调度程序

（1）列车调度员根据"施工行车通告"安排或"运作命令"组织调试列车上正线运行；调试列车临时变更调试计划时，由调试负责人批准。

（2）根据《行车组织规则》的要求，做出适当保护。

（3）向基地/车场信号楼调度员、检修调度员和车站值班站长（值班员）发布列车上正线调试的调度命令。

（4）布置相关车站排列调试列车的运行进路。

三、基地/车场试车线电客车调试的组织流程

（1）调试负责人凭有效证件向信号楼值调度办理请/销点手续。

（2）调试负责人须在请点前到达调试车出发现场，信号楼调度员核对计划、审批作业。

（3）未列入月施工计划的临时调试作业计划，由信号楼调度员安排。

四、正线电客车调试作业组织流程

（1）调试负责人组织调试人员于作业点前赶到出发车现场，人员组织妥当后，向信号楼调度员核对计划、汇报准备完毕、联系待发，并接收调度命令。

（2）调试列车进入正线后，调试负责人凭有效证件向车站值班员办理请点手续。

（3）作业结束后，作业负责人向车站值班员办理销点手续。

（4）临时上正线调试由作业部门向值班主任申请作业计划。

五、电客车调试试验中的其他要求

（1）调试过程中，如遇"调试作业任务书"有改变的，需由调试负责人（施工负责人）确认，并由调试负责人（施工负责人）通知作业组成员。

（2）每次动车，司机必须先确认符合行车条件，并且得到调试负责人（施工负责人）同意。

（3）在作业指挥过程中，调试负责人（施工负责人）指令有误或存在安全隐患时，司机有权拒绝动车，并说明原因。

（4）信号调试时需确保作业区域信号系统设备正常。

第七节　抢修施工作业

一、抢修施工作业的组织

（1）运营时间内临时抢修作业由运营控制中心负责安排。非运营时间的施工，因抢修需要的临时补修计划有优先权，控制中心在组织实施施工计划时，有调整权。

（2）因行车设备故障或事故影响列车正常运作，需临时划定抢修范围施工时，列车

调度员(或授权综合调度员)负责安排正线或辅助线抢修范围施工并组织实施。

(3)在非运营时间正线检修施工作业铺开后,遇到救援抢险需要开行救援列车时,救援列车通过的线路上所有作业必须提前清场,由值班主任提出出清线路时间,列车调度员(或授权综合调度员)负责按要求命令该区域的作业人员结束作业、出清。

(4)划定抢修范围前列车调度员的工作如下:

①报告值班主任有关抢修范围的安排。

②需要时安排工程车配合。

③需要停电时与电力调度员商定停电区域。

④向车站值班员布置抢修范围内应采取的防护措施。

(5)抢修作业销点:

①车站值班员报告抢修施工作业完成,线路出清。

②线路满足行车条件。抢修作业如果包括道岔、转辙机设备时,必须确保相关道岔、转辙机设备测试正常。

③列车调度员确认后,同意销点。

二、运营时间进入正线、辅助线的抢修作业

(1)列车调度员按照"先通后复"的原则根据运营实际情况及时安排抢修作业。

(2)进入站台或站台附近区段的作业:

①抢修人员到车控室办理临时登记手续后(特殊情况下经列车调度员同意可不办理登记手续),到站台待令并及时汇报综合调度员。

②列车调度员及时通知车站抢修作业内容,具备抢修条件、列车调度员或车站通过信号系统设置防护后(无法通过信号系统防护时,列车调度员通知车站设置红闪灯进行防护)立即通知综合调度员和车站。

③得到列车调度员准许后,综合调度员负责通知抢修人员进入抢修区间,车站应监督抢修人员进入正确的区域。

④抢修期间严禁运行列车进入抢修的区间或站台区域。

⑤抢修人员抢修结束、出清线路、恢复运营条件后,及时通知综合调度员,综合调度员汇报列车调度员,列车调度员通知车站抢修结束,确认防护措施撤除后恢复运营。

⑥抢修人员及时到车控室补办相关手续。

三、运营期间开行工程车配合的抢修作业

(1)运营期间在正线需开行工程车进行施工抢修时,施工负责人需向运营控制中心值班主任申请,并经分管领导同意后,由值班主任指定专人负责开行事宜。

(2)施工负责人需向运营控制中心书面说明详细开行计划,包含开行路径、开行次数、作业区域、开行防护、作业要求等内容,特殊情况时可先口头说明。

(3)运营控制中心批准开行计划后,立即通知基地/车场信号楼、派班室以及相关车站做好工程车开行准备。

(4)工程车正线运行采取分段行车,列车调度员人工排列工程车运行进路,并通知工程车司机允许运行的起、止站,司机必须复诵,确保与前后载客列车有一定的安全间隔,工程车后续列车应适当限速运行,确保间隔和安全。

（5）工程车运行所经车站依次向前方车站报发点，同时车站安排胜任人员重点关注工程车运输过程中是否有状态异常或物料掉落，工程车经过后车站向列车调度员报工程车通过情况。

（6）工程车凭列车调度员命令进出封锁区域，到达封锁区域后，由施工负责人进行统一指挥。

（7）作业配合中心安排人员添乘后续列车，确保装载货物在区间运行过程中无脱落。

四、运营时间搭乘客车到区间隧道的抢修作业

（1）区间抢修行车设备搭乘客车应得到值班主任的批准。

（2）抢修人员在指定车站站台待令，综合调度员按列车调度员指定的车次通知抢修人员上车（列车调度员通知相关车站和司机）。

（3）抢修人员登乘司机室后通知司机在故障点前停车，从司机室门下车进入轨道，下车时通过司机室门进入轨道。

（4）能够及时恢复的作业，抢修完毕后立即汇报综合调度员，综合调度员汇报列车调度员，在抢修人员进入司机室后，由列车调度员通知司机动车；须滞留区间的作业，抢修人员进入安全地带后，用手信号或通过无线电联系（已到安全地点）通知司机继续运行。抢修作业时不得超出指定区域，严禁影响其他列车运行。需返回车站时向综合调度员申请，综合调度员与列车调度员协商后，分别通知抢修人员和列车司机，抢修人员向司机显示停车信号（使用信号灯或手信号），指示司机停车，从驾驶室车门上车。

五、基地/车场内发生各类设备故障或事故时

64

（1）由信号楼调度员封锁相关线路。

（2）如为行车事故，由信号楼调度员统筹组织处理，检修调度员、综合调度员配合。

（3）属车辆系统管辖设备故障，由车辆检修调度统筹组织处理，并指定一名专业人员为现场指挥。

（4）属物资设施系统所管辖设备故障，由综合调度员统筹处理，并指定一名相关专业人员为现场指挥。

关 键 名 称 与 概 念

1. 一级施工：指作业内容复杂、影响面较大、需多部门、多专业联合的施工作业，如新建线路、旧线改造、接触网换线、轨道应力放散等的施工。

2. 临时补修计划：指运营时间内对行车有一定影响的设备进行临时抢修，须在停运后继续设备维修的作业，特殊情况下未列入月计划和日补充计划须在当日进行的施工作业。

3. 主站：施工负责人到某个车站登记请点施工的车站称为主站。

4. 辅站：指同一线路同一施工项目多站进行时，施工联络人到其作业区域包含的各站（除主站外），登记请点的车站称为辅站。

5. 临时抢修施工：因行车设备故障或事故影响列车正常运行，需临时进行的施工。

复 习 题

1. 施工计划等级及分类如何？（适合【初级工】）
2. 简述施工计划编制原则。（适合【初级工】）
3. 简述站内线路施工时防护办法。（适合【中级工】）
4. 简述区间封锁线路施工防护办法。（适合【中级工】）
5. 简述运营期间抢修作业销点的过程。（适合【高级工】）
6. 发布封锁区间命令前,列车调度员将需要做哪些准备工作和防护措施？（适合【高级技师】）
7. 施工开始前,施工负责人需向运营控制中心书面说明哪些内容？（适合【技师】）
8. 简述运营时间进入正线、辅助线的抢修作业程序。（适合【高级工】）
9. 简述运营时间搭乘客车到区间隧道的抢修作业程序。（适合【高级工】）

第五章 城市轨道交通应急处置

培训目标 ◄◄◄

　　通过本章学习,使学员对城市轨道交通各类突发事件的处置有较全面的认识。要求学员掌握设备故障类、治安消防类、客流突变类、反恐类等各种突发事件的控制中心的应急处置程序;熟悉应急处置工作的基本原则和信息报告的规定;达到熟练运用各种行车调整手段及时处置相关突发事件的水平。

第一节 应急处置的基本措施

一、应急处置工作的基本原则

　　城市轨道交通在运营过程中发生各类突发事件时,相关部门应按照"安全第一、兼顾效率,统一领导、逐级负责,快速反应、协同应对"的基本原则迅速开展应急处置工作。

　　在发生设备故障或出现事故、事件时,列车调度员应按"先通后复"的原则进行处理。必要时,可组织小交路运行、越站、关站、封锁区域等调整方案。如设备故障、事故、事件伴有火情或出现危及员工、乘客生命安全的情况时,各级调度应遵循"先救人,救人与处理事故同步进行"的原则开展应急处置工作。

二、应急处置中的信息报告和通知

　　在突发事件的应急处置中,及时准确的信息报告和通知对救援抢险的顺利进行起到至关重要的作用。

　　在应急处置前期,列车调度员在接到突发事件报告后,应立即报告 OCC 值班主任、综合调度。在应急处置中期,列车调度员应根据突发事件处置进展情况,进行信息续报。在应急处置后期,应急处置结束,列车调度员应通报预案终止信息,进行故障影响统计与通报。

三、应急处置基本流程

1. 前期处置

(1)信息接报

相关调度员在发现突发事件、事故时,立即报告当值值班主任、检调、综合调度。

(2)行车调整

列车调度员向值班主任提供行车调整方案,按值班主任制定行车调整方案进行行车调整,视情况可采取在站扣车、局部或全线列车限速多停、始发站扣车等调整方式。

2. 中期处置

(1)信息续报

列车调度员向相关车站、司机、相关部门发布启动应急预案的命令。

(2)事故、事件的处置

各调度员进行事件处置,配合各专业部门进行设备设施抢修。

(3)行车调整

控制中心(OCC)值班主任根据事态进展,视情况进行中期行车调整方案制定,列车调度员按值班主任命令进行中期行车调整,采取前发列车退回发车站、关站、越站、封锁区域、组织小交路运行等调整措施。

3. 后期处置

(1)信息通报

列车调度员向相关车站、司机、部门发布终止应急预案信息。

(2)事故、事件的处置

各调度员在设备故障抢修完毕得到相关专业部门回复后,汇报值班主任。列车调度员与相关专业部门补办抢修请销点手续。

(3)行车调整

突发事件处置完毕,得到应急指挥小组或现场指挥处置完毕的通报后,值班主任宣布终止预案,列车调度员按相关专业限速要求办理行车,按图调整列车运行。

第二节　设备故障类事件应急处置

城市轨道交通设备故障类突发事件的应急处置,主要是指当列车、信号系统和供电系统这三大城市轨道交通最主要的设备系统突发故障时应急处置的原则、程序和方法。

一、列车故障的应急处置

(一)列车故障救援的应急处置

列车故障救援是城市轨道交通运营中较为常见的特殊行车组织方式,它是为了迅速及时地将在正线运行中出现故障且在规定时间内不能排除的列车及时迅速地移动到指定地点,开通运营线路的运行方式。

按照发生地点的不同,分为正线列车救援、基地/车场列车救援;按照救援时采用的动力方式分为牵引救援、推进救援;按照连挂后运行方向不同,分为正向救援、反向救援。

列车故障救援工作中,控制中心应遵循"安全第一,尽快恢复线路运用"的原则。应急处置的基本流程如下:

1. 前期处置

(1)信息接报

列车调度员接到司机因列车故障无法继续运行的报告后,要求其按规定处理故障,并向值班主任、车辆检修调度员、综合调度员汇报故障情况。

（2）行车调整

列车调度员对故障车前后列车采取限速或多停的方式进行列车运行调整，但对准备担当救援的列车不做调整，以免影响救援效率。同时为小交路运行做好准备，要求相关有岔车站做好扣车工作。

2. 中期处置

（1）实施救援

故障列车司机确认电客车故障无法处理，主动请求救援，或处理故障未果，已到达启动救援的时间界点时列车调度员发布救援命令启动救援，并向救援列车司机与故障列车司机布置救援方案，监督连挂情况。

（2）信息续报

列车救援时，列车调度员将各时间节点向值班主任汇报，并将故障事件信息通报相关车站、车辆基地/车场信号楼。

（3）行车调整

①对线上其他列车进行大面积调整，采用限速、多停等方法，且力度相对较大，以降低线上其他列车的旅行速度，力求尽量降低乘客的感知度。

②适时组织备用车上线替开、车辆段出车上线替开、有岔站列车小交路折返，缩小因故障引起的行车大间隔。

3. 后期处置

（1）终止救援

故障车到达下线地点解钩后终止救援。

（2）信息通报

救援结束，列车调度员及时汇报值班主任，并通报车辆检修调度员、相关车站、车辆基地/车场信号楼。

（3）行车调整

列车调度员按照运行图调整线上列车，恢复正常运营。

（4）台账记录

进行事件影响数据的统计，打印事发时段的列车运行图，用以进行事件处置分析。

（二）列车车门故障的应急处置

车门故障是城市轨道交通列车在运行中发生最多的故障，按照车门名称不同分为：逃生门故障、司机室门故障、隔间门（司机室与客室的隔断门）故障、客室门故障。按城市轨道交通车门故障现象分为：列车车门无法打开、列车车门无法关闭、列车车门通信传输故障。

车门故障应急处置的原则是"以司机处理为主，车辆检修调度员意见为辅，区域指挥室（OCC）全权负责行车组织工作"。其应急处置的基本流程如下：

1. 前期处置

（1）信息接报

列车调度员接到司机或车站关于列车车门故障报告，确认车门故障种类，是否影响列车运行安全与乘客服务，确定处理方法，并向值班主任、车辆检修调度员汇报，通知车站前去协助，并做好乘客的安抚工作。

（2）行车调整

列车调度员对故障车前后列车进行调整，可采取限速、多停的方式。

2. 中期处置

（1）信息续报

列车调度员将故障事件处置情况报值班主任、车辆检修调度员，并通报相关车站、车辆基地/车场信号楼运营信息。

（2）故障处置

①单个客室门出现无法正常打开（关闭）或检测失败故障，司机切除该车门后，列车调度员通知车站贴上"车门故障"贴纸。

②多个或全列客室门出现无法正常打开（关闭）或检测失败故障，影响运营较大时，列车调度员组织列车清客下线，车站配合。

③司机室门故障，列车调度员组织人员添乘司机室协助，通知车站配合司机确认运营状态。

④隔间门（司机室与客室的隔断门）无法关闭故障，列车调度员指派站务人员跟车进行防护。

（3）行车调整

①列车调度员跟踪列车车门故障的处理，司机处置故障导致停车时间较长时，列车调度员对前后列车的调整力度需加大力度（多停、限速、扣车），及时通知车站工作人员到站台做好乘客服务工作。

②适时组织备用车上线替开或车辆段出车上线替开，缩小因故障引起的行车大间隔。

3. 后期处置

（1）信息通报

故障消除后及时进行信息通报，通报相关岗位（车站、检修调度、信号楼调度等），尽快恢复正常运营秩序。

（2）行车调整

列车调度员按照运行图，调整线上列车恢复正常运行。

（3）台账记录

填记相关台账，进行事件影响数据的统计，打印事发时段的列车运行图。

（三）相关案例：某城市轨道交通线路车门故障

1. 故障经过

8:36,0145号列车在E站下行站台司机报Ⅱ/A车第4扇、Ⅰ/C车第二扇车门无法关闭，要求处理，列车调度员令其抓紧处理并令车站派人配合。

8:38～8:40,列车调度员多次呼叫0145号列车司机，司机均无应答，列车调度员令车站现场工作人员提醒司机与列车调度员联系，并对相应列车进行扣车（图5-1）。

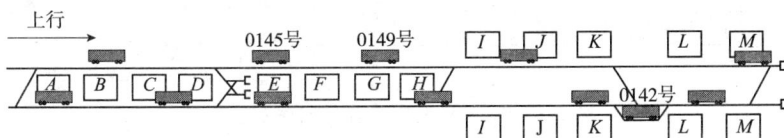

图5-1　0145号列车位置示意图

8：40，0145 号列车司机报该车多次重新开关门后，故障面板显示站台侧所有车门均显示红色，目前车门既无法打开也无法关闭，列车调度员令司机对车门抓紧处理，如无法处理就在 E 站下行站台清客。

8：42～8：46，列车调度员多次呼叫 0145 号列车司机，司机均无应答，列车调度员再次令车站现场工作人员提醒司机与列车调度员联系，并对全线列车进行调整：D 站小交路列车折返，填补下行间隔；M 站下行发出列车采用间隔调整；安排 K 站备车 0142 号列车空车运行至 E 站下行载客。

8：42，列车调度员向 K 站—E 站各站发布限流命令，报公司监督站和 COCC；8：45 起，E 站关闭所有进站闸机、F 站—M 站各站均放慢售票速度，9：10 取消各站限流命令（图 5-2）。

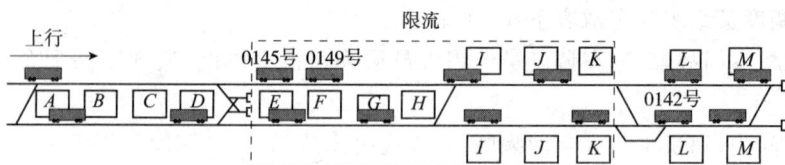

图 5-2　限流区段示意图

8：43，0145 号司机报目前车门故障无法排除，列车调度员令 0145 号列车司机及 E 站广播并采用拉紧急拉手方式清客。

8：44，列车调度员令 K 站—E 站下行各次列车、车站做好乘客广播，安抚乘客。

8：45，列车调度员询问 E 站清客情况，车站报因车门故障，只有部分已开启的车门在清客，清客速度很慢，列车调度员令车站尽快清客，报公司监督站及 COCC。

8：49，F 站—E 站下行区间后续 0149 号车司机报有 3 扇车门紧急拉手被乘客拉下，列车调度员令司机留下备用联系方式后，令其到现场复位，后司机在处理过程中又有 2 扇车门紧急拉手被拉，司机共恢复 5 扇车门紧急拉手。

8：50～9：00，列车调度员通过 CCTV 发现 0145 号列车清客过程缓慢，有乘客反复进出列车，大量乘客拥挤在屏蔽门与车门之间，令车站广播、抓紧疏导乘客退回黄色安全线内。

9：00，0145 号列车司机报因大量乘客仍滞留在列车车厢内，不肯下车，现各车门紧急拉手均复位并关闭，列车调度员令司机广播告之滞留乘客后切关门旁路，再 ATP 手动运行。

9：02，0145 号列车动车，9：15，该车运行至 A 站下行后再次清客（A 站—D 站各站均确认 0145 号车通过车站时车门均处于关闭状态），0145 号列车在 A 站下行站台完成全部乘客清客作业，列车调度员令该车空车回库检修（图 5-3）。

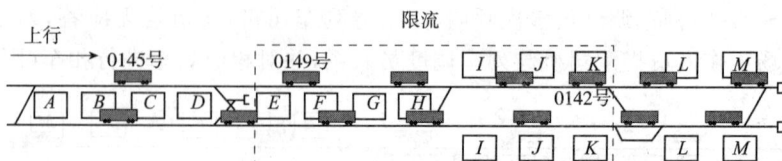

图 5-3　0145 号列车清客后回库示意图

9：06，0149 号列车在 F 站—E 站下行区间被拉车门紧急拉手复位成功，列车调度员令该车恢复运行后 E 站通过。

9:08,列车调度员对全线列车进行调整。

2. 经验总结与问题分析

(1)8:36,0145 号列车司机报 Ⅱ/A 第 4 扇、Ⅰ/C 车第二扇车门无法关闭,要求处理,8:38,后续 0149 号车至 F 站上下客后即动车,调度未对该车进行有效扣车,导致该车区间迫停 20 多分钟,乘客在区间多次拉紧急把手,并导致大量乘客投诉。

(2)8:40,0145 号列车司机紧急处理后,车门仍故障,调度员令司机抓紧处理,并令司机如无法处理就在 E 站下行清客。根据清客作业规定,清客需司机与车站同步作业,故此类命令的发布需要列车调度员同时命令司机与车站协同执行,在此案例中,如此发布命令不够正式、正确,可能会导致司机与车站组织客流存在偏误等问题。

(3)8:36 发生故障,8:46 发布清客命令,8:52 司机回复车站已配合清客,9:00 清客还未结束,9:15 A 站再次清客,从清客过程来看,清客时间占据整个延误时间的 90%以上,且分两次清客,体现发布清客命令不够果断,对车站、司机发布命令不一致,未体现调度对现场的控制力度。

(4)9:06,0149 号列车在 F 站—E 站下行区间被拉车门紧急拉手复位成功,列车调度员令该车 E 站通过。考虑到清客车站客流情况,通过放站措施有效避免了再次拥堵吊门对运营带来深层次的影响。

(5)从故障点开通后运营恢复情况看,列车调度员采取后续 0149 号列车通过 E 站的方式避免了乘客再次吊门,鉴于高峰时段,列车满载度都较高,一旦有列车清客对后续列车产生的客流压力相当大,故尽可能安排空车至清客车站载客,此案例中,可考虑安排上行列车放空后经 H 站折至下行或 K 站备车提早放空至下行的方式,保证线路在故障点开通后有充足的运能储备,在较短的时间内疏散拥堵客流。

(6)从本次事件调整措施来看,通过加快 D 站折返速度确保了 D 站以北区段运营未受到影响,但对 M 站发车间隔的控制未能有效落实,导致运营恢复后下行方向积压严重,对运营恢复后的快速调整带来一定难度。列车调度员在事故处理中,还需灵活安排运能,尽可能平衡上下行运能,本案例中可以通过在其他有渡线车站折返 1、2 辆的方式将下行冗余列车调整到上行,以提高运营调整的效率。

二、信号系统故障的应急处置

信号系统故障是城市轨道交通列车在运行中较为常见的故障,根据信号设备的不同,一般可将信号系统故障分为道岔设备故障、联锁系统故障、ATS 故障、ATP 系统故障等。

(一)正线道岔设备故障的应急处置

道岔设备故障是指在城市轨道交通管辖线路范围内,道岔设备因物理状态不符合正常的运用规定或在信号系统上显示出现异常时的现象。

由于信号系统的设备发生异常,或道岔设备不符合信号系统监测结果的要求,从而无法保证行车安全的需要,导致在信号系统上无法检测到道岔区段的实际状态或道岔开通的方向(位置),按照道岔在城市轨道交通正线信号系统上显示异常的现象不同,分为道岔区段灰色显示覆盖(无数据)、道岔区段显示红色光带覆盖(逻辑占用)、道岔区段显示粉红色光带覆盖(逻辑占用)、道岔短闪(尖轨不密贴)、道岔长闪(挤岔)、道岔编号闪烁(数据存储故障)等。

正线道岔故障发生后控制中心的应急处置遵循"保障安全,效率为先"的原则,在保障安全的前提下,先恢复线路运用,尽快恢复列车运行。其基本流程如下:

1. 前期处置

(1)信息接报

列车调度员发现道岔故障或接到车站关于道岔故障的报告后,将故障信息报值班主任、综合调度员。

(2)行车调整

列车调度员扣停开往故障区域的列车在车站,考虑有无进路变更;对故障地点前后列车进行调整(多停、限速),为小交路做好准备,做好相关有岔车站扣车工作。

2. 中期处置

(1)信息续报

将故障事件处置情况报值班主任,并通报相关车站、基地/车场信号楼运营信息。

(2)故障处置

①道岔区段灰色显示覆盖(无数据):若道岔区段无车占用,相关行车人员就地确认道岔位置正确后,钩锁该道岔;若道岔区段有车停留,相关行车人员现场就地确认道岔位置正确后,令停留该岔区列车限速驶离,再组织人员现场钩锁该道岔。

②道岔区段显示红色光带覆盖(逻辑占用):需转动该道岔办理进路时,现场确认道岔区段空闲,在信号系统区域工作站上执行"强行转岔"命令;若不需转动该道岔办理进路,现场就地确认该道岔区段无异物占用,列车以非正常驾驶模式通过。

③道岔区段显示粉红色光带覆盖(逻辑占用):现场确认该道岔区段无异物占用后,在信号系统区域工作站上执行"轨区逻空"命令。

④道岔短闪(尖轨不密贴):在无进路状态下,确认道岔区段空闲,转换道岔数次,故障不能恢复,人工办理进路。

⑤道岔长闪(挤岔):确认道岔区段空闲,执行"挤岔恢复",长闪仍未消失,则转换道岔数次,若故障依然存在,人工办理进路;若该道岔有车停留时,按列车挤岔故障处置。

⑥道岔编号闪烁(数据存储故障):对道岔执行"岔区逻空",故障排除可恢复正常运营,否则信号只能达到引导层,可开放引导信号行车。

⑦道岔物理状态异常故障:道岔发生此类故障,严重危及行车安全,需立即停用该道岔。经专业人检查确认或抢修处理后,方可恢复使用。

(3)行车调整

列车调度员对线上列车进行调整(多停、限速),通知基地/车场加开列车上正线替开晚点列车,组织备用车上线替开晚点列车,适时在中间有岔站组织列车小交路折返。

(4)配合抢修

道岔故障时,专业人员进行故障设备抢修,列车调度员应积极做好配合,把控安全关键,要求联锁设备的重启、检修时,须经值班主任同意,并提前对线上列车进行调整,避免二次突发事件的发生;需封锁更换道岔设备时,做好抢修车的组织工作。

3. 后期处置

(1)行车调整

列车调度员按图调整线上列车恢复正常运行。

(2)信息通报

通报相关岗位(车站、信号楼调度等),正线道岔故障终止,尽快恢复正常运营秩序。

(3)台账记录

填记相关台账,进行事件影响数据的统计,打印事发时段的列车运行图。

(二)正线联锁系统故障的应急处置

正线联锁系统故障指列车调度员和车站值班员得不到关于任何线路列车位置、道岔位置、进路锁闭和运行列车的开停状况等安全信息,行车安全失去设备保障的信号设备故障。

正线联锁系统故障的现象主要有:联锁区内列车产生紧制,OCC 背投大屏/MMI/HMI/CLOW 灰显(即没有状态显示),相应的 LOW 灰显,向相邻联锁区无法排路;OCC 的 MMI/HMI 上某个联锁区全灰,同时相应的 LOW/CLOW 工作站对应联锁区也全灰(即没有状态显示)。

根据联锁系统故障发生的范围可以将其分为全线联锁设备故障和集中站联锁设备故障两种情况,无论出现哪种情况,基本的处理方法都是列车调度员下达在故障区段按电话闭塞法(或电话联系法)行车的调度命令,在非故障区段行车组织方法不变。

电话闭塞法是当基本闭塞设备发生故障不能使用时,由两站车站值班员利用站间闭塞电话,以电话记录的方式办理闭塞的方法,是一种代用闭塞法。

电话联系法是当衔接站与基地/车场间信号设备故障联锁失效时,基地/车场与衔接站间采用电话联系约定的代用闭塞方式,为保证行车安全,转换轨区段及各自的接发车进路内只允许一趟列车占用。

正线联锁系统故障应急处置的基本流程如下:

1. 列车定位

列车定位的过程,在整个电话闭塞流程中,是重中之重。实施电话闭塞前,各行车岗位人员应积极确认故障区段内列车位置,并立即报告列车调度员,当有线调度电话、无线调度电话不通时,可采用公务电话、市话、工作手机等通信手段。

2. 停基改电

全部列车到达站台(库内)后,列车调度员向车站(基地/车场信号楼)及司机发布启用电话闭塞法(电话联系法)组织行车的调度命令。

3. 行车凭证

(1)使用电话闭塞法行车时,列车占用区间的行车凭证为路票。

(2)使用电话联系法行车时,列车占用进出基地/车场进路的行车凭证为电话记录号码。

4. 确认空闲

(1)电话闭塞法行车区段,车站发出第一列车前,须与列车调度员共同确认区间空闲。

（2）电话联系法行车区段，车站或基地/车场发出第一列车前，须与对方共同确认转换轨区段线路空闲。

（三）ATS 故障的应急处置

ATS 故障指 OCC 无法通过列车自动监控系统监控到相应联锁区域的任何线路列车位置、道岔位置、进路锁闭和运行列车的开停状况等安全信息，但可在信号区域工作站（LOW）上进行监控的信号系统故障。

ATS 故障时在准移动闭塞系统（ATC）区段可能出现的现象有：信号工作站、背投大屏灰显，列车车次框停留在故障灰显前位置，故障报文显示故障信息，车站 LOW 及中央工作站 CLOW 显示正常。

ATS 故障时在移动闭塞系统（CBTC）区段可能出现的现象有：HMI、背投大屏 ATS 窗口打红色"×"且轨道区段灰显，故障报文显示故障信息，车站 LOW 及中央工作站 CLOW 显示正常。

当控制中心 ATS 发生故障时，列车调度员会要求信号系统区域工作站车站值班员确认车站 LOW 显示是否正常，当确认仅为 ATS 发生故障后，列车调度员会下放 LOW 控制权给车站，并要求车站的车站值班员监视各自区域的列车运行状况，车站值班员应确认 LOW 工作站上的车站级自动运行模式是否激活，如果车站级自动运行模式能激活，则列车运行基本不受影响。如果车站级自动运行模式不能激活，车站值班员则要在 LOW 上直接手动操作排列列车进路，并控制列车停站时间。此时，司机根据列车调度员要求采用 SM 模式谨慎驾驶。在维修人员排除故障后，列车调度员通知车站值班员收回 LOW 控制权，随后通知相关人员恢复正常运营。

（四）ATP 系统故障的应急处置

ATP 系统（列车自动防护）故障指：信号系统轨旁设备或数据传输故障或某列车的车载信号系统发生故障，导致列车与轨旁的信号接口无法正常进行数据交换的故障现象。

ATP 系统故障时可能出现的现象有：信号工作站上显示轨道电路旁出现灰色圆点；列车进路可以正常排列，但列车在故障区收不到速度码或产生紧急制动；信号工作站上有报警"ATP 与 SICAS 连接中断"等。

当单独的一列车突发车载 ATP 系统故障时，列车会产生紧急制动，列车调度员在确认故障暂时无法排除后，指示故障车司机将 ATP 切除后以"URM"模式运行，直至终点站退出运营。在故障车运行过程中列车调度员要密切关注全线列车的运行密度，保证故障车前方至少留有一定的安全空间。

如果某个区段的轨旁 ATP 系统突发故障，列车调度员在确认故障位置后，除通知综合调度员及时组织抢修外，还要命令司机以 RM 模式谨慎驾驶通过故障地点，在通过故障地点后车载系统允许恢复 SM/ATO 模式运行。在故障没有排除前列车调度员还要加强对行车间隔的监控，防止两列车进入同一区间或区间停车情况的发生。

（五）相关案例：上海城市轨道交通 12.22 事故

2009 年 12 月 22 日，上海城市轨道交通 1 号线发生了一起严重的由于信号系统故障导致的列车侧面冲撞事故，造成徐家汇至上海火车站双线中断运营 3 h，徐家汇至上海火车站单线运营中断 5 h，大量乘客长时间被困隧道的严重后果。

12月22日5:40,1号线陕西南路站—人民广场站区段上行线接触网失电,10312次0147号列车停在故障区段上行区间,接到事故报告后,列车调度员立即命令维保人员进行设备抢修,并于6:20命令人民广场站人员下区间疏散0147号列车的乘客。同时列车调度员对运行方案进行调整,莘庄至徐家汇、富锦路至火车站开行小交路,上海南至火车站启动公交预案。调整方案如图5-4所示。

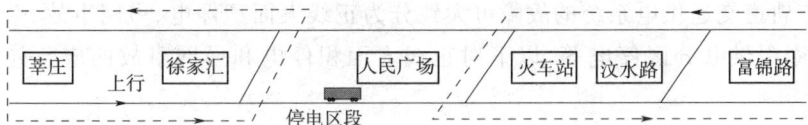

图5-4　接触网失电运行方案调整示意图

正当列车调度员全力处理接触网失电事故时,执行富锦路至火车站小交路运行任务的12696次0117号列车在上海火车站下行站台停站清客后,火车站值班员手动排列折4线进路,司机掉头后以人工驾驶模式动车准备进入折返线。此时后续12896次0150号列车以ATO方式从中山北路开往火车站,速度为60 km/h。由于中山北路至火车站区间是弯道,0150号车通过弯道后司机发现火车站防护信号机为红灯,而此时列车无明显减速现象,0150号车司机立即紧急制动,在惯性作用下0150号列车左侧车头以10 km/h的速度与0117号列车第4节车厢发生碰撞。事故发生时的情况如图5-5所示。

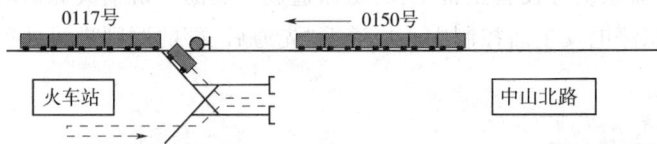

图5-5　0150号列车与0117号列车碰撞事故情况示意图

碰撞事故发生后,列车调度员立即通知全线车站,将本线运营调整为莘庄至徐家汇,富锦路至汶水路小交路运行,并申请启动徐家汇至汶水路公交应急预案。同时安排在0150号列车后运行的0140号列车清客到事故区间转运0150号列车上的受困乘客。到中午11:00,救援和乘客转运工作基本完成,行车秩序逐步恢复。

在这起信号设备故障引起的碰撞事故中,该城市轨道交通的运营人员表现出高度的工作责任心和高超的指挥水平,尤其是列车调度员和列车司机在事故中表现突出、反应迅速、措施采取得当,列车调度员临场指挥镇定、命令清晰准确,故障处置的程序符合预案要求,最大限度地减小了事故给运营工作带来的影响。在事后的事故原因分析中,事故调查组也对1号线当班职工在事故发生后应急处置的表现给予了充分肯定。

事故调查组在事后调阅了列车事故记录、信号数据、视频监控图像等相关资料,并于当日运营结束后组织了事故现场动车复测和验证,最后得出一致的结论:碰撞事故的发生是由于信号系统向列车发出了错误的速度码,导致列车制动距离不足,两列车发生侧面冲撞。事故调查组认定:该项目的总包方卡斯柯信号公司承担事故责任。

三、供电系统故障的应急处置

城市轨道交通列车采用电力牵引,电能的供应和传输是城市轨道交通安全、可靠运行的重要保证。供电系统的服务对象除运送乘客的电动车辆外,还有保证乘客在旅行中有良好卫生环境和秩序的通风换气、空调设施、自动扶梯、自动售检票设备、屏蔽门、排水泵、排污泵、通信信号、消防设施和各种照明,这些构成了城市轨道交通这个用户的庞大用电群体。供电系统就是保证城市轨道交通的各种用电设施发挥各自的功能和作用,给不同电压等级、不同电压制式的用电设备供电,保证城市轨道交通的电动车辆畅行无阻、安全而迅速地运送乘客。

城市轨道交通供电系统的故障可大致分为正线大面积停电、弓网事故、牵引变电所停电、牵引供电分区停电等,以下对正线大面积停电和弓网事故的应急处置进行介绍。

(一)正线大面积停电的应急处置

正线大面积停电为运营生产类事件,是指在城市轨道交通范围内,因一座或全部主所退出运行造成多个或全部车站、一个或多个基地(停车场)中断供电。在供电系统设计中,仅考虑某一牵混所因故障退出运行、由 1 500 V 接触网上网开关进行越区供电时,才能保障电客车正常运行。当某一主变电所因故障退出运行,导致多个牵混所失电,虽然该主所供电区间的接触网可由另一个主所通过牵混所 1 500 V 直流母排自动形成越区供电,但由于电压降以及设计容量,接触网电压不能保证电客车正常运行,电客车应有序先后就近停靠车站,待因故障停电牵混所恢复供电后再恢复电客车正常运行。正线大面积停电会影响车站内信号、通信、站台门、应急照明、FAS 监控、BAS、POST、PIIS、广播系统等设备正常工作,从而造成一定的经济损失和影响乘客服务。

正线大面积停电发生后控制中心应遵循"先通后复"的原则进行处置,其基本流程如下:

1. 前期处置

(1)信息接报

电力调度员在发生正线大面积停电事故后,应立即与市供电局调度联系,确认地方电力系统网络的运行情况,判断故障范围,如果是城市轨道交通内设备发生故障造成,则立即要求供电中心赶赴故障情况最小的主变电所进行故障抢修,并将故障情况和处理进展通报控制中心值班主任。

(2)行车调整

列车调度员应与车站、电力调度员、司机确认停电信息,并向受影响车站、司机发布停电信息,启动应急预案,列车调度员通知司机尽量维持电客车进站停车待命,通知车站做好乘客服务工作。

2. 中期处置

(1)行车调整

①列车调度员立即组织失电区域折返站进行人工办理进路,中间站道岔尽量避免转换,相衔接线路列车调度员根据道岔所在联锁站是否失电,确定是否需要人工办理进路,如需人工办理则通知相关车站人工办理进路,衔接站应安排两组人员分别在上、下行进行人工办理,每组人员包含一名车站工作人员,一名信号专业人员。其余有岔车站做好人工办理进路的准备工作。

②当列车停在区间时间预计超过 30 min 时,列车调度员命令相关车站和司机立即启动"区间乘客疏散应急预案"。

（2）信息续报

故障处理时，电力调度员将处理进展通报控制中心值班主任，列车调度员应密切关注信号系统的运行情况，并将故障事件信息通报相关车站、车辆基地/车场信号楼。

3.后期处置

（1）信息通报

供电恢复后，电力调度员通知列车调度员，列车调度员与受影响车站、列车司机确认供电正常后，向车站和司机统一发布故障恢复信息，车站人员和司机做好设备检查，发现异常及时汇报列车调度员。

（2）行车调整

列车调度员按照运行图，调整线上列车恢复正常运营。

（3）台账记录

进行事件影响数据的统计，并打印事发时段的列车运行图，用以进行事件处置分析。

（二）弓网事故的应急处置

弓网事故属于运营生产类突发事件，由于受电弓或接触网等原因，发生车辆受电弓和柔性接触网发生弓网异常或弓网绞织，一般初期受电弓与接触网接触异常，接触网严重打火，严重时受电弓会钻进接触网内，可能损坏接触网的定位器、电连接、吊弦等接触网设备，最终造成接触网断线、接触网短路跳闸，城市轨道交通线路运营中断。

弓网类事故发生后，控制中心应遵循"以人为本、安全第一，统一指挥，逐级负责，快速反应、协同应对，先通后复"的原则进行处置，其基本流程如下：

1.前期处置

（1）信息接报

当车站客运人员或司机发现接触网严重打火或弓网接触异常时，应立即电话汇报控制中心。控制中心在接报弓网事故的事件后，根据事故信息报告流程立即报告公司领导和相关人员，并根据相关应急处理程序，通知接触网专业值班人员迅速前往事发地点确认弓网事故影响范围。控制中心列车调度应立即通过信号系统确认事故列车所在轨道区段，并通知检调联系检修中心抢修人员迅速前往事发地点进行应急处置。

（2）行车调整

①列车调度员通知其他司机尽量维持电客车进站停车，通知车站做好乘客服务，所有车站根据控制中心的指令，观察列车通过站台区域时的受电弓的运行状态。

②如果接触网发生跳闸失电时，列车调度员应立即扣停驶往无电区的电客车，并通过小交路或单线双向运行，最大限度维持运营。

2.中期处置

（1）事故处置

控制中心迅速判断事故的原因和影响范围，启动相应的应急预案，要求综合调度和检调立即组织抢修，如需开行工程车抢险、救援，要求信号楼调度立即组织安排。列车调度员应根据现场指挥需要发布区间封锁命令，并要求两端车站值班员做好防护措施。

（2）行车调整

当电客车无法通过事故点时，列车调度员应组织电客车退回发车站或开行救援列车。当接触网进行停电抢修时,列车调度员应组织小交路和单线双向行车,最大限度维持运营,协调有关方面进行抢修作业。

（3）信息续报

事故抢修过程中,综合调度和电力调度员将处理进展通报控制中心值班主任,列车调度员应密切关注信号系统的运行情况,并将故障事件信息通报相关车站、车辆基地/车场信号楼。

3. 后期处置

（1）信息通报

事故处理完毕后,现场拆除相关安全措施,汇报控制中心、综合调度员,电力调度员恢复供电,准备行车。列车调度员与受影响车站、列车司机确认供电正常后,向车站和司机统一发布故障恢复信息。

（2）行车调整

列车调度员按照运行图,调整线上列车恢复正常运营。

（3）台账记录

列车调度员进行事件影响数据的统计,并打印事发时段的列车运行图,用以进行事件处置分析。

（三）相关案例：某市城市轨道交通弓网事故

2006年某日,某市的城市轨道交通线路发生了一起严重的因弓网缠绕造成的事故。

该条城市轨道交通线路示意图如图 5-6 所示,由从 A 到 P 共 15 个车站组成,其中 F 站和 I 站设有渡线。

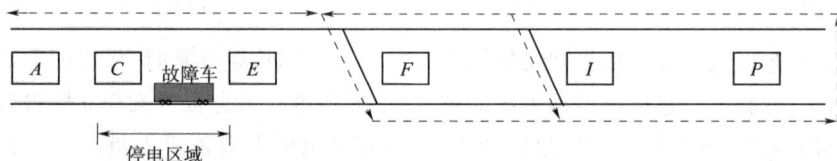

图 5-6　弓网缠绕运营调整示意图

事故的大致经过如下：

15:08,C 站报附近下行接触网异常打火,接触网专业人员检查后认为接触网设备运行正常。

16:49,C 站到 E 站间的牵引供电分区跳闸。

17:10,列车调度员确认在故障分区的列车因弓网缠绕不能降弓,在这种情况下列车调度员组织运营调整,分别在 F 站和 I 站组织小交路运行,在 A 站到 E 站之间进行单线双向运行。

17:17,列车调度员组织工程车前往故障地点救援。

17:24,供电抢修人员到达事件现场,发现接触网已经大面积受损,故障车被困于隧道口,受电弓已损坏。

17:29,救援车与故障车连挂成功,但救援车起动后,故障车发生弓挂网现象。

18:03,车辆专业维修人员赶到现场支援,并配合接触网专业人员和上车顶拆除故障受电弓。

18:22,救援车起动,将故障车推回车辆基地。

18:42,车辆基地出动另一辆接触网抢修作业车到达事件现场,实施抢修作业。

19:47,故障区段接触网受电成功,运营恢复。

这个事故的教训非常深刻,有很多教训可以总结,其中主要有以下几个方面:

(1)故障车从 15:08 发现异常打火,仍然运营了近两个小时,最后发生弓网碰撞,导致受电弓部分解体,发生弓挂网事故。期间接触网专业人员已经在现场看到打火情况,控制中心也接到多次打火报告,但未引起足够重视。从这起事故中可以看出,一方面触网人员安全意识不够,现场勘察不够细致,没有按有关规定进行处理;另一方面调度人员由于经验不足,没有及时采取有效的处置措施,未能避免事件的发生。

(2)在事故救援工作中,行车组织不够紧凑,抢修组织较慢,接触网抢修作业车也未能及时出动,以致影响正常运营近两个小时。

(3)现场抢修指挥不明确,各方信息不对称,没有在事故发生时做好最坏的准备,在列车连挂好故障车后才发现损坏的受电弓未完全降下,导致弓网缠绕进一步加剧。

(4)故障列车未及时执行区间疏散程序,导致乘客在车内被困 28 min 后才决定进行区间清客,使得乘客服务受到影响。

第三节　治安消防类事件应急处置

治安消防类突发事件主要指火灾事故和地外伤亡等严重危害城市轨道交通运营秩序的突发事件。

一、火灾事故的应急处置

火灾事故是对城市轨道交通造成影响最为严重、危害最大的一类事故。火灾事故主要指在轨道交通路网内各线运营时段车站、列车、区间线路等处突发火灾,危及乘客人身安全。由于城市轨道交通有大量的车站是构筑于地下,受城市轨道交通运营环境的特定性等因素影响,城市轨道交通突发火灾事故时乘客逃生极其困难,造成群死群伤的可能性极大。根据火灾发生的地点不同,一般把火灾事故分成列车火灾和车站火灾两类。

(一)列车火灾的应急处置

列车火灾属于公共事件类突发事件,是在城市轨道交通运营期间,由于意外或人为原因导致列车发生火灾的事件。列车发生火灾会对乘客造成伤亡,城市轨道交通运营秩序、服务和公司财产造成重大影响和损失。

列车火灾发生后控制中心应坚持"先救人,后救物"的原则,优先组织人员疏散、伤员抢救。其基本流程如下:

1. 前期处置

(1)信息接报

列车调度员接到汇报后,立即向当班值班主任报告并通过 CCTV 进行火情监视。值班主任立即报告指挥机构和现场处置机构的领导及成员。

（2）行车调整

列车调度员向发生火灾的列车司机了解火势并和相关车站保持联系，指令前、后，列车不得驶入火灾列车现场。

2. 中期处置

（1）信息续报

控制中心接到指挥机构领导指令后立即启动列车火灾应急预案，拨打 119 报警电话，按规定进行信息通报。

（2）事故的处置

① 火灾发生在车站或区间可以继续运行时，值班主任指令邻近列车和前方车站或后方车站组织工作人员准备火灾列车灭火和协助乘客疏散。

② 火灾发生在区间被迫停车不能继续运行时，值班主任通知两端车站疏散乘客，若列车停留区域具备打开侧门条件，值班主任根据现场情况判断是否要求司机打开侧门。

（3）行车调整

① 火灾发生在车站或区间可以继续运行时，列车调度员扣停上、下行列车，环调视情况启动车站火灾模式。

② 火灾发生在区间被迫停车不能继续运行时，列车调度员扣停后续列车，环调按照 FAS 火灾模式标准启动相应区间隧道火灾通风模式。

3. 后期处置

（1）信息通报

应急指挥机构接到现场处置机构火灾消除的报告后，授权控制中心通知全线恢复正常运营，同时发短信告知相关人员。

（2）行车调整

值班主任宣布终止预案，列车调度员按相关专业限速要求办理行车，按图调整列车运行。

（二）车站火灾的应急处置

城市轨道交通车站人员出入频繁，部分车站的站厅层还设有大量商铺，存在较多不安全因素，由于城市轨道交通车站环境相对封闭，一旦发生火灾将比地面建筑发生火灾更具危险性，在上下班高峰等人员密集时发生火灾更可能造成重大人员伤亡。

车站火灾属于公共事件类突发事件，指在城市轨道交通车站范围内，发生火灾的事故。发生车站火灾事故会对城市轨道交通运营秩序和服务造成重大影响。

车站火灾和列车火灾的抢险工作一样应坚持"先救人，后救物"的原则，优先组织人员疏散、伤员抢救。其基本流程如下：

1. 前期处置

（1）信息接报

列车调度员接到车站汇报后，立即向当班值班主任报告，通过 CCTV 进行火情监视。值班主任立即报告指挥机构和现场处置机构的领导及成员。

（2）行车调整

列车调度员视情况决定全线调整运营，指令前、后列车不得驶往火灾车站，在火灾车站停靠的列车在安全条件允许的情况下驶离车站。

2. 中期处置

(1)信息续报

控制中心经请示指挥机构总指挥、副总指挥,并经得同意后启动火灾应急预案和运营调整方案,保持与车站值班员的联系。

(2)行车调整

列车调度员应视情况将后续列车扣在站内,或组织列车限速不停站通过火灾车站。根据具体情况,经总指挥批准发布关闭车站的命令,随时了解和掌握灾情及疏散乘客情况,协助处理有关事宜。

3. 后期处置

(1)信息通报

指挥机构接到现场处置机构火灾消除的报告后,授权控制中心通知全线恢复正常运营,同时发短信告知相关人员。

(2)行车调整

值班主任宣布终止预案,列车调度员按相关专业限速要求办理行车,按图调整列车运行。

(三)相关案例:香港城市轨道交通火灾事故

2004年1月5日9:12,一乘客在T61次列车首节车厢内纵火(如图5-7所示)。

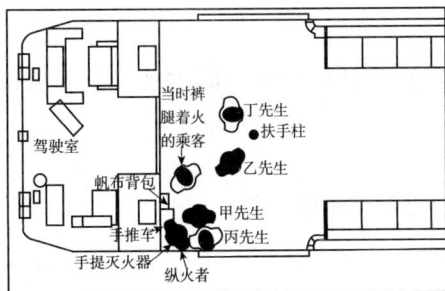

此时列车正运行于尖沙咀站及金钟站之间。其携带的可燃物包括:700 mL塑料瓶(已破损,烧完)、50 g液化石油气罐(2个已炸,3个完好)、2 L塑料瓶(被乘客踢开未引燃,内装稀释剂)、4.5 L塑料容器(被乘客踢开未引燃,内装稀释剂)。

9:12,起火列车司机马上报告控制中心,并继续前行至前方站台停稳后马上疏散乘客。

图5-7 某城市轨道交通火灾事故示意图

9:16,全部大约1 200名乘客下车完毕并同时向站外疏散。

9:20,所有乘客均疏散至大厅。

9:23,所有乘客以及租户疏散至车站外面。

9:27,车站所有出入口关闭。

另一方面:

9:12,控制中心接到司机火灾报告,马上阻止其余列车进入该车站;司机继续驾驶列车前行。

9:14,消防部门接到火警。

9:17,列车到达站台,等候的工作人员用灭火器扑灭明火。

9:20,消防人员赶到现场,继续用水灌救。

9:29,火(包括阴燃的火)被彻底扑灭,灌水停止。

9:40,事故发生后仅28 min,消防/警局/城市轨道交通三方共同确认可以恢复服务。

9:43,事故车站开放所有出入口。

9:46，开放后第一列车到达车站。

此次事故造成轻伤 14 人，车站停运 28 min，线路发车密度有所降低，列车一节车厢轻度烧损。

总结分析以上火灾事故，香港城市轨道交通之所以能够高效处置，使火灾处于可控状态，能够将事故的影响降到最低，有以下五个方面值得我们学习和借鉴：

(1)应急预案完备。

(2)注重演练效果。

(3)警察和消防人员迅速反应。

(4)员工的高度职业化。

(5)消防设施、设备发挥作用。

二、道床伤亡事故的应急处置

道床伤亡事故属于运营生产类突发事件，指在城市轨道交通运营线路范围内，发生列车撞轧人员，导致人员伤亡的事故。发生道床伤亡事故会对城市轨道交通运营秩序和服务造成重大影响。

发生道床伤亡事故后，控制中心应遵循"先抢救伤者，及时排除故障，恢复正常运行，后处理事故"的原则进行处置，其基本流程如下：

1. 前期处置

(1)信息接报

控制中心接到司机或车站的报告后，立即向公司相关领导汇报，并通报公安城市轨道交通分局指挥室、客运部、安保部。

(2)行车调整

列车调度员负责调整列车运营，根据实际情况封锁相应区段。

2. 中期处置

(1)信息续报

事故处置期间，列车调度员要保持与现场指挥、相关司机、车站的联系，随时掌握时间节点。

(2)事故的处置

①如果事故发生在区间，控制中心指令司机将被撞人移至驾驶室，并移交指定车站值班站长。若司机无法移动时，控制中心通报公安城市轨道交通分局指挥室，视情况命令就近车站工作人员，携带必要的救援器材会同公安前往救援。

②如果列车已越过被撞人的区域，且一时无法找到死伤者，控制中心指令相关司机以低于 15 km/h 速度运行至前方站。另指令相关车站派人会同公安城市轨道交通分局民警随后续列车以低于 15 km/h 的速度前行搜索，至事发地进行勘察，迅速将被撞人抬至驾驶室，带至前方车站，尽快恢复运行。

3. 后期处置

(1)信息通报

伤者由 120 急救车送往医院，或尸体已经被接走，现场指挥向控制中心报告后，由控制中心向应急指挥机构报告，控制中心接到现场指挥恢复运行的请求后下达恢复运行的指令,并通报公安城市轨道交通分局指挥室,续报相关人员。

(2)行车调整

值班主任宣布终止预案,列车调度员按图调整列车运行。

4. 相关案例:某城市轨道交通外来人员侵限事件

(1)事件经过

某日,某城市轨道交通线路发生一起外来人员侵入区间线路事件,运营人员按照预案要求进行紧急处置,基本没有对行车造成太大影响。

16:22,中央 ATS 显示 I 站下行紧急关闭动作,0236 号列车下行进站迫停,司机回复未发现异常情况,列车调度员通知车站确认情况,相关列车扣车,发布短信,报 COCC(图 5-8)。

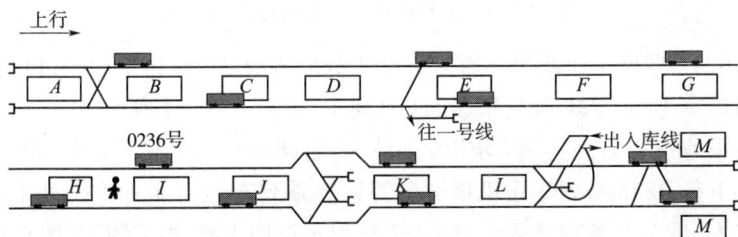

图 5-8 0236 号列车下行进站迫停示意图

16:24,I 站回复有一名小偷跳下线路往 H 站方向逃逸,报 COCC 及公安指挥室。

16:25,0236 号司机根据车站指令进站对位停车,列车调度员通知 I 站确认情况后站控复位下行紧急关闭。

16:27,0236 号列车在 I 站下行上下客结束,改手动 ATP 限速 20 km/h 进入区间巡视,因此时紧急关闭尚未恢复,该车以切除 ATP 的手动驾驶模式动车出站,列车调度员续报 COCC 及发布短信。同时安排 0208 号列车在 H 站上行改 ATP 手动限速 20 km/h 运行至 I 站上行恢复。

16:33,两车司机均回复区间未发现有人。列车调度员安排上、下行后续列车(下行:0213 号列车、0210 号列车;上行:0214 号列车、0216 号列车)分别按 20 km/h、45 km/h 进入区间巡视(图 5-9)。

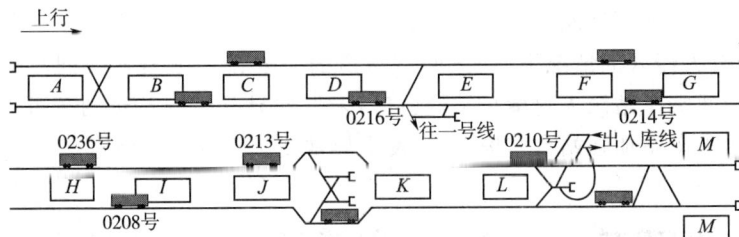

图 5-9 列车调度员安排上、下行后续列车区间巡视示意图

16:35,I 站下行紧急关闭按钮无法复位,列车调度员向通号调度发布抢修令。

16:52,经上下行各三列车巡视均未发现侵限人员,后续列车恢复正常运行,列车调度员续报 COCC 及发布短信。

16:57,经通号处理 I 站下行紧急关闭按钮修复,复位该站紧急关闭后列车恢复正常运行。

17:34，上行 0247 号列车在 H 站上行司机报看到线路上有一人往 I 站方向逃逸，因车站暂无人登乘，安排 0247 号列车司机改 ATP 手动限速 20 km/h 进入区间巡视（图 5-10）。

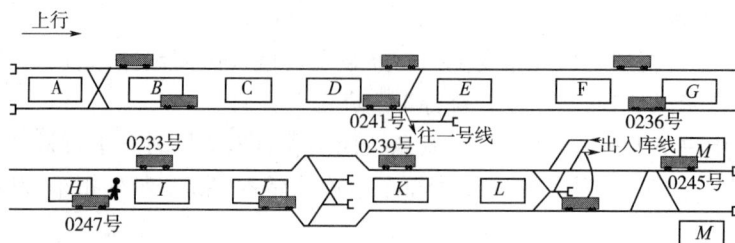

图 5-10　0247 号列车进入区间巡视示意图

17:39，0247 号列车司机报在百米标 221 处发现该人，但列车已越过该区段，列车调度员通知后续上行 0236 号列车、0241 号列车、下行 0233 号列车、0239 号列车、0245 号列车分别限速进入区间巡视，均未发现该人，后续列车恢复正常运行，报 COCC。

18:20，下行 0238 号列车司机报 2 名警察登乘列车至百米标 221 处下线路找人，仍未发现该人，后 2 名警察登乘上行 0207 号列车返回 I 站，报 COCC（图 5-11）。

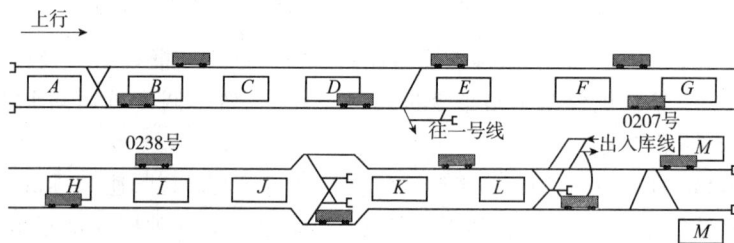

图 5-11　列车区间运行示意图

（2）经验总结与问题分析

①16:27 起安排 H 站至 I 站上下行各 3 列车按规定速度进入区间巡视，相邻两站派人守护站台端头，符合预案要求。

②17:34 起再次发现区间有人侵入，期间安排民警登乘进入区间找人，对相关列车应明确告知，确保下区间人员的人身安全。

③区间有人侵入的情况下，遇区间贯通道的应安排上下行各 3 列车进行限速巡视，同时通知两端车站派人封堵车站隧道口，未发现异常情况后续列车可恢复正常运行，但仍应要求车站加强站台监护，一旦发现异常便于立即采取措施。

第四节　客流突变类事件应急处置

客流突变事件是指在城市轨道交通运营中，由于各种因素致使城市轨道交通车站在某一单位时间内候车、停留的乘客超过了该站设计许可的客流容量，并有继续增加的趋势，如不采取紧急措施将极有可能发生人员伤亡事故或意外的事件。因此，必须快速、果断地处置运营中发生的客流突变事件，维护城市轨道交通运营的稳定和秩序，确保城市轨道交通运行与乘客人身安全。

在城市轨道交通运营工作中一般根据事先针对性准备工作进行的与否将客流突变事件分为突发性大客流和预见性大客流。

一、突发性大客流的应急处置

车站突发性大客流属于运营生产类突发事件。突发性大客流是指在城市轨道交通运营期间，在某一时段发生不可预见的客流暴增。发生突发性大客流具有不可预见性、爆发性、瞬时性，会对城市轨道交通运营秩序和服务带来重大挑战。

发生突发性大客流后，控制中心应遵循"安全第一、分级控制、合理引导、及时疏散"的原则进行处置，其基本流程如下：

1. 前期处置

（1）信息接报

列车调度员接到车站汇报后，立即向当班值班主任报告，并通过CCTV进行客流监视。

（2）行车调整

列车调度员向发生人流的车站值班站长了解人流动向及车站组织方案，视情况决定行车调整方案。

2. 中期处置

（1）信息续报

控制中心在5 min内通知指挥机构和现场处置机构成员及相关部门、中心，视情况通报公安城市轨道交通分局指挥室，按指挥机构总指挥的指示通知集团公司。

（2）事件的处置

根据客流变化情况的需要，指挥机构紧急调集人员、物资、交通工具等，必要时对客流进行疏散或采取只出不进、关站措施。

（3）行车调整

①应根据实际情况及时组织备用车上线投入运营，缓解车站客流压力，备用车的加开时机和加开方案由值班主任决定。

②客流较多，造成列车在多个车站连续出现延长停站时间的情况时，列车调度员根据现场实际情况及时对列车运行进行调整，防止列车运行间隔过大，尽量减少对乘客的影响。

③车站应采取适当限流措施，综合调度通知全线其他车站做好乘客组织工作。

3. 后期处置

（1）信息通报

控制中心接到指挥机构总指挥应急终止的命令后，通知相关车站恢复正常运营。

（2）行车调整

车站大客流得到缓解后，列车调度员根据现场实际情况及时调整列车运行，安排备用车下线恢复备用状态，恢复按图行车。

二、预见性大客流的应急处置

城市轨道交通运营工作中出现的预见性大客流除了日常早晚上下班高峰期出现

的大客流外,根据其产生的原因还可具体分为以下两类:

(1)节假日大客流。主要指在国家法定的元旦、春节、劳动节、国庆节假期期间市民出行及游客旅游等造成全线各站客流普遍大幅上升。

(2)大型活动大客流。主要指由于城市轨道交通沿线附近举行大型活动(包括节假日期间举行的大型活动),在活动结束后大量的乘客在较短时间内涌入临近的城市轨道交通车站乘车,造成车站客流迅速上升。

预见性大客流的应急处置方法和突发性大客流基本相同,它们的区别主要在于城市轨道交通运营公司能够对大客流进行预测,并有针对性的提前制订预见性大客流运营组织方案,相关应急车辆、设备、人员能够提前到位待命,正确及时地采取各种措施对大客流进行疏导。在制订针对性的运营组织预案时,要遵循以下一些原则:

(1)根据大型活动组委会要求以及以往经验,做好预见性大客流行车组织方案的编制。对大客流的影响要做好充分估计,对大型活动方案的编制要有预见性,要按高一个等级的要求编制方案,以便实际灵活运用。

(2)针对预见性大客流制订的行车组织方案要及时下发,让相关行车和站务以及后勤保障人员认真学习,做到熟知方案要求。

(3)要保持与大型活动组委会的联系,遇突发情况采取关站关口的措施时可以突破现行规章要求,灵活掌握。

(4)为确保乘客的安全,在大型活动中采取的任何运营调整措施一定要服从安全部门的要求。

三、相关案例:南京城市轨道交通周杰伦演唱会运输组织方案

2010 年 9 月 30 日,歌手周杰伦在奥体中心体育场举办 2010 大型演唱会,为做好本次演唱会的大客流运输组织工作,安全、有序、高效地疏散散场乘客,制订的运输组织方案如下:

(一)行车组织方案

1. 1 号线

(1)早高峰结束回库的 1008 次加开至鼓楼存车线备用。19:30 前如开往奥体中心方向的列车出现较大拥挤,控制中心可先加开鼓楼备用车至奥体中心站,如客流依然较大,可加开迈皋桥备用车至奥体中心站,因迈皋桥备用车外部贴纸是南延线列车,控制中心加开时通知沿线车站做好人工广播(车站广播词为:本次开往中国药大的列车改开至奥体中心站,请前往奥体中心的乘客抓紧时间上车)。如迈皋桥备用车有故障,请检修中心及时安排人员检修。

(2)如果鼓楼备用车加开至奥体中心,则备用车在奥体折返线备用;待迈皋桥备用车到来前组织奥体备用车回车辆基地,如两列备用车均没有加开至奥体中心,则回库列车 1624 次在奥体中心折返线转备用。

(3)当天 21:30,三列列车在车辆基地待令(南延线列车亦可),其中一列列车 22:00 在转换轨Ⅲ待令,另两列在库内热备,随时准备出库。前次列车出清转换轨Ⅲ离开基地后,车辆基地信号楼及时组织后续列车在转换轨Ⅲ待令。

(4)当观众开始散场,现场指挥人通知控制中心疏散开始,控制中心及时组织列车

自车辆基地不停站加开至奥体中心折返后载客运行至迈皋桥。控制中心做好列车调整工作,确保列车顺利接入共线区段,原则上两列西延线图定车次间只能加开一列加开列车。加开列车自迈皋桥回车辆基地时不载客自车辆基地西岔区回库(迈皋桥备用车自车辆基地东岔区回库)。

2.2 号线

(1)下午,控制中心根据客流发展趋势,可将晚高峰上线时间提前,同时将晚高峰结束时间推迟,请检修二中心、乘务中心、控制中心、站务中心预先做好准备工作。晚高峰前控制中心加开油坊桥备用车不载客至钟灵街存车线备用,19:30 前如下行方向的列车出现较大拥挤,控制中心可加开钟灵街备用车载客运行至油坊桥折返线备用。

(2)当天 21:30 后三列电客车在油坊桥停车场待令,其中一列电客车 22:00 在转换轨Ⅱ待令,另两列在库内热备,随时准备出库。前次列车出清转换轨Ⅱ离开停车场后,油坊桥停车场信号楼及时组织后续列车在转换轨Ⅱ待令。

(3)当观众开始散场,现场指挥人通知控制中心疏散开始,奥体东站客流明显增加时,列车调度员灵活组织油坊桥备用车上线替开图定列车,及时疏散客流。

(4)在图定车次不能满足客流需要时,控制中心及时组织列车自油坊桥停车场经转换轨Ⅱ至油坊桥上行线不停站加开至奥体东站载客运行至经天路。疏散期间,控制中心做好列车调整工作,图定车次在油坊桥提前开出,并在奥体东站多停,确保在疏散开始后每列上行列车在奥体东站尽量多载客。

(5)加开列车自经天路折返后就近回马群基地,控制中心组织运营结束后图定回马群基地的列车回油坊桥停车场,确保油坊桥停车场第二天 8 列车正常出库。

3. 其他

(1)控制中心根据现场客流做好末班车继续加开的准备。如末班车开出后仍有大量客流涌入,1 号线可组织后续回小行基地列车加开至迈皋桥,如开往中国药科大学的末班车安德门开出后,安德门仍有大量乘客,可加开后续南延线回库车自安德门加开至中国药大;2 号线可组织后续自油坊桥回马群基地的列车加开至经天路。

(2)本次客流运输组织对外公布奥体中心站开往迈皋桥及奥体东站开往经天路的末班车为 23:00,具体关站时间由现场指挥人根据现场客流情况决定。

(3)演唱会疏散 1 号线最后一班加开列车奥体中心站开出时,控制中心安排 2 号线一列加开列车自油坊桥开出(或暂扣 2 号线元通站),确保在 2 号线元通和新街口为 1 号线提供上行换乘并开往经天路站,并安排一列南延线下行列车在安德门站为西延线换乘并开往药科大学站。新街口 2 号线换 1 号线通道按正常时刻表时间关闭(除奥体中心、奥体东外,其他车站按正常运营时间停止进站)。

(二)客流控制方案

(1)新街口(1、2)、元通站(1、2)在 17:00～19:00 期间,通过车站广播、LED 屏及 2 号线站台换乘 1 号线通道前通过工作人员向乘客宣传:"前往奥体中心看演唱会的乘客,可就近选择 2 号线至奥体东站下车即可到达奥体中心体育场,不必换乘 1 号线至奥体中心站"。

(2)2 号线下行线列车在 17:30～19:00 期间,司机于在西安门站开始至新街口站,每个区间人工广播提醒乘客:"本次列车可直接前往奥体中心体育场,请到奥体东站下车即可"。在奥体东站停车后提醒乘客:"有到奥体中心体育场的乘客请在本站下车"(三遍)。

（3）出入口控制（第一道控制）:晚间大客流疏散工作开始后,奥体中心站只开放 1号口为进站口,奥体东站只开放 2 号口为进站口,地面乘客进站秩序请城市轨道交通公安和运营人员维持。当站台压力较大,需要对进口进行客流控制时,请地面公安负责人按照运营分公司地面指挥的要求减小入口宽度,对乘客进站速度进行控制。

（4）闸机控制（第二道控制）:正常情况下闸机处不进行客流控制,但需安排引导人员。当站台压力较大,需要站厅闸机处进行控制时,站厅现场指挥命令采取相关措施,减缓乘客进站速度。

（5）站台控制（第三道控制）:站台人员主要维持乘客乘车秩序,对乘客进行乘车引导,站台指挥均衡安排站台各岗位人员数量,与站厅、站台、地面指挥加强信息沟通。

（6）闸机设置:奥体中心站晚上 21:30 之后,除靠 3 号、6 号出入口各保留一个双向闸机供下行乘客出站外,其余所有双向闸机设为单向进站闸机。

奥体东晚上 21:30 之后,靠 1 号口的双向闸机设为出站闸机,关闭进站功能,乘客进站通过站厅中间两组共 8 个进站闸机进入。

（7）人员布岗及分工:

①站务中心组织加班人员 35 人,分别布置在奥体中心站和奥体东站（奥体中心站20 人,奥体东站 15 人）,主要负责在应急时出售纸票和维护站台秩序;客运部加班人员 17:00 前到达奥体中心站,安保部加班人员 17:00 前到达奥体东站,负责在闸机处引导乘客。

②新街口、鼓楼、大行宫等部分重点车站,提前做好人员安排,加强站台等关键部位的力量,维持乘车秩序,站台乘客拥挤时,可采取关闭部分 TVM、闸机等措施延缓乘客进站速度。

③所有支援人员到达车站后,应首先到各自车站值班站长室报到,由站长安排岗位,然后向所在区域的现场指挥报到,听从现场指挥安排,离开岗位需向现场指挥请假。

④晚间站务中心安排专人在奥体中心观察客流,当奥体中心散场客流明显增加时,立即汇报现场指挥,现场指挥通知列车调度员开始大客流疏散工作。

（8）客流散场后,安德门站在站台和站厅设置专人对换乘南延线的乘客进行疏导,并及时将客流情况向车控室汇报。

第五节　反恐类事件应急处置

反恐类事件是指在城市轨道交通的车站或列车上发生毒气、爆炸等严重危害广大乘客和城市轨道交通工作人员人身安全的事件。这类事件虽然发生的概率很低,但由于一旦发生危害极大,城市轨道交通调度人员对突发反恐类事件的应急处置措施也必须熟练掌握。

城市轨道交通的车站或列车一旦发生反恐类事件,控制中心应遵循"救人第一,快速、有效处置"的原则进行处置。

一、反恐类事件的先期处置措施

(1)由事件发生地负责人及先期到场的公安人员,负责组织乘客疏散等前期处置工作,尽力保护现场、维持秩序,保持与应急指挥机构的联系,及时续报事故信息。

(2)事发地车站值班站长、列车司机立即报告控制中心(OCC)和驻站民警,控制中心报城市轨道交通公司领导、相关部门负责人和城市轨道交通公安指挥室。在收到情况汇报后,指挥机构和现场处置机构成员分别赶赴既定岗位,组织应急抢险工作。

(3)控制中心(OCC)根据接报的现场事件影响程度,立即向指挥机构和现场处置机构通报信息,在接到指挥机构命令后,向各调度宣布进入紧急状态,同时向全线列车司机、各车站及车辆基地信号楼发布信息,综合调度通知相关专业救援队前往现场进行救援。

(4)各专业救援队伍应在接到综合调度救援通知后,立即由队长带领部分队员赶赴现场,根据救援队长的指挥,后续队员携带相应的抢险救援器材迅速赶赴现场。

二、反恐类事件的现场处置措施

(一)车站发生爆炸时的处置

1.车站的处置措施

车站值班员立即开启闸机紧急运行模式,做好车站广播和视频监控。值班站长带领车站工作人员组织乘客向站外疏散,安排客运值班员和售检票员看守车站出入口,设置警戒线,禁止闲杂人员进入车站,引导公安和消防队员进入车站并听从指挥,如有人员受伤,车站值班员及时报120急救中心,确认无危险情况时,对伤员进行必要的包扎处理,必要时经指挥机构关闭车站出入口。

2.控制中心(OCC)的处置措施

环调检查各车站的 BAS、FAS 监视系统、排风模式是否正常,电力调度员检查确定供电系统是否正常,列车调度员检查并确认该车站是否具备行车条件,调整全线行车方式,通报全线司机及车站,并随时了解事故现场情况,协助处理有关事宜。

3.其他部门的处置措施

公安人员对现场进行处置,车站工作人员配合工作。抢修人员在车站出入口附近待命。当现场处置结束后由现场指挥通知各专业抢险人员进入车站开展抢修工作。

(二)车站发生毒气时的处置

1.车站的处置措施

车站值班员立即开启闸机紧急运行模式,做好车站广播和视频监控。所有工作人员立即佩戴好防毒面具,值班站长带领车站值班员、售检票员组织乘客向站外疏散。安排人员看守车站出入口和风亭排风口,设置警戒线,禁止闲杂人员进入车站和靠近出入口及排风口。引导公安和消防队员进入车站进行抢险并听从指挥,必要时经指挥机构同意关闭车站出入口。如有人员受伤,车站值班员及时报120急救中心。车站工作人员在确认无危险的情况下将伤员抬到站外。

2.控制中心(OCC)的处置措施

环调检查并确认车站监视系统、排风模式是否正常,列车调度员通知全线司机及各车站,组织行车方式的调整,根据总指挥的授权,发布全线行车调整的命令,并保持与事件现场的联系。

(三)列车发生爆炸时的处置

1. 列车能够继续行驶时

列车在运行中发生爆炸时,司机获悉后,应尽可能将列车运行到前方车站。到达车站后,司机打开所有车门,用列车广播通知所有乘客立即离开车厢。车站开放闸机紧急运行模式,工作人员组织乘客向站外疏散。

2. 列车无法继续行驶时

若列车无法行驶、列车停于区间时,列车司机按"区间乘客疏散应急预案"组织乘客疏散,司机根据爆炸地点决定疏散方向,通报列车调度员开启相应的通风模式,相邻车站工作人员做好接应准备,并引导公安人员进入区间进行现场处置。现场处置结束后,列车调度员组织救援,将事故车退出运营。

(四)列车发生毒气时的处置

1. 司机的处置措施

列车在运行中发生毒气事件时,司机获悉后,立即佩戴好防毒面具,并向列车调度员报告事件信息,列车维持运行至前方车站,同时做好乘客广播,要求乘客捂住口鼻,远离事件车厢。

2. 控制中心(OCC)的处置措施

列车调度员通知前方车站疏散车站乘客。环调检查和调整隧道、车站通风模式,并通知全线列车司机和各车站做好应急处置准备。必要时,控制中心(OCC)可以根据实际情况,由总指挥授权发布车站停运和全线停运的行车命令。

3. 车站的处置措施

前方车站工作人员接报列车发生毒气事件后,车站值班员立即开启闸机紧急运行模式,并开启车站相应防灾广播,所有工作人员立即佩戴好防毒面具,值班站长立即组织本站乘客向站外疏散。事故列车到达车站后,按车站发生毒气事件的有关规定组织处置。

三、相关案例:伦敦城市轨道交通发生恐怖爆炸

英国当地时间 2005 年 7 月 7 日早上 8:59,伦敦 6 处城市轨道交通车站和至少 3 辆双层大客车在人流高峰期遭爆炸袭击。爆炸造成至少 50 人死亡,千人受伤。多辆公交车被炸毁,所有城市轨道交通全部停驶,交通全面瘫痪。

(一)事件经过

9:15,英国铁路警察称伦敦金融区附近的利物浦街站发生爆炸。

9:25,警方称有伤者在伦敦金融区。

9:27,伦敦交通局称伦敦城市轨道交通爆炸是因为高压线事故。

9:33,目击者称伦敦城市轨道交通在高压电事故后停运。

9:41,伦敦北部传来第二宗城市轨道交通爆炸案发生的消息。

9:47,一辆由 Stagecoach 营运的 30 路巴士发生爆炸,据目击者透露,当时有人在

车上引爆炸弹。

9：53，城市轨道交通运营公司宣布伦敦城市轨道交通停运。警方宣布，接到爆炸报告的地点有临近利物浦大街城市轨道交通终点站的奥德门车站，伦敦北部的 Edgware 路和国王十字圣潘克拉斯站，金融区附近的老街站和伦敦中心临近大英博物馆的罗素广场站。

10：14，新闻媒体报道一辆公共汽车在伦敦中部爆炸。

10：24，伦敦警察厅正式承认伦敦发生连环爆炸。

10：25，警方确认有巴士爆炸案在罗素广场附近地区发生。

10：33，警方确认伦敦中部最少发生两起巴士爆炸案。

10：45，警方怀疑巴士爆炸是由炸弹引起。

10：46，目击者对天空电视台说在塔维斯托克广场听到两次爆炸。

10：46，警方称在爆炸中有严重人员伤亡，但没有确认死亡数字。

10：47，伦敦内政大臣称伦敦爆炸案造成惨重伤亡。

11：01，英国首相布莱尔称这次连环袭击事件为恐怖袭击，他将赶回伦敦处理善后事务。

17：46，BBC 报道警方表示至少 150 重伤。另皇家伦敦医院接诊了 208 名伤者，其中 10 人重伤、6 人危殆；圣玛莉医院接收 38 人，其中 17 人重伤、7 人危殆；Great Ormond Street 医院接收 22 人；大学学院医院接收了约 50 人；皇家自由医院有 55 人求诊，多为轻伤；佳氏及圣多马医院接收了 8 位伤者。

17：58，伦敦警方表示至少有 33 人死，300 人左右受伤，其中 14 人重伤。

18：23，BBC 报道最新死亡人数 37 人、700 多人受伤。

（二）事件原因

一个自称是"欧洲圣战组织基地秘密小组"组织，宣称对 7 日在伦敦发生的连环爆炸事件负责。据路透社援引意大利安莎通讯社的报道，这个组织在网站上发布声明称这起事件是为报复英国参与对阿富汗及伊拉克的军事行动。该组织并警告意大利和丹麦从伊拉克和阿富汗撤军，但其真实性尚未确认，但这一论坛上过去发表的声明都是真实的。阿拉伯国家负责监控恐怖主义组织网络的消息人士告诉 BBC 说，此次爆炸案很可能又是"基地组织的手笔"，因为此次爆炸案与去年发生在西班牙马德里的爆炸案手法非常相似，这同时也暗示了此次事件很可能又是基地组织所为。伦敦警察厅厅长表示，他相信此次连环爆炸案可能是大型恐怖主义组织发动的袭击，他同时还暗示说，警方此前有在爆炸发生现场找到爆炸残留物。

第六节　其他类事件应急处置

在城市轨道交通发生的影响运营秩序的突发事件中，除了前面提到的设备故障类、治安消防类、客流突变类、反恐类突发事件以外，还包括恶劣天气、疾病防疫、地外设施影响列车运营等发生概率较小的事件。在发生这类事件时，城市轨道交通调度指挥人员也要按照不同的预案精心组织、沉着应对，尽量减少事件对运营秩序的影响。

一、恶劣天气的应急处置

对城市轨道交通的正常运营可能造成不良影响的恶劣天气或自然灾害主要包括强风、雷击、暴雨、冰雪、大雾、高温、地震等。

当城市轨道交通运营中出现恶劣天气或自然灾害时,运营指挥人员应控制事故区域,快速处置,尽快恢复、减少影响,最大程度地减少人员伤亡和财产损失,保证正常运营。相关人员应及时做好信息汇报,内容主要包括:事故发生时间、地点、影响程度、已采取的措施、后续跟进措施及事故处理的进展等。

1. 发生地震时的应急处置

地震灾害发生后的应急处置工作应遵循、实行"高度集中,统一指挥"的原则。各单位、各部门要听从指挥和分工,各司其职,各负其责。在具体工作中要抓住主要矛盾,做到先全面、后局部,先救人、后救物,先抢救通信、供电等要害部位,后一般设施。

地震灾害发生后,控制中心应根据当时震撼及各站上报的震情及时汇总,做出准确判断,报有关领导决策;发布局部或全线停运命令,安排疏散乘客和救援遇险列车,抢修设备等事宜。

由于通信、供电等原因,控制中心无法指挥时,各站长、值班站长有责任担当指挥和做好自救工作。在震情消失后,运营指挥人员应根据需要和设备损坏情况,在确保安全的情况下,尽快开通线路,恢复局部线路运营。

2. 发生洪水和暴雨导致区间线路出现积水时的应急处置

发生洪水和暴雨导致区间线路出现积水时,控制中心要随时了解积水和列车运营状况,通知各部门启动暴雨预案,做好防暴雨的工作,必要时向车站发布相关的运营服务信息。

接报险情报告后,值班主任要及时通知各部门,根据情况要求派出抢险队,通知相关影响的车站做好乘客服务工作,必要时下达关闭不具备安全运营条件的车站命令。列车调度员要组织具备运行条件的区段维持运营。必要时,还通知公交接驳严重堵塞区段的乘客。

3. 地面、高架线路出现大雾天气时的应急处置

地面、高架线路出现大雾天气时,列车调度员要随时了解雾情和列车运营状况,值班主任通知各部门启动大雾天气预案。必要时列车调度员要向车站、司机发布相关的运营服务信息,如列车驾驶模式的变更、列车速度的限制等。

接报险情报告后,值班主任要及时通知各部门,根据情况要求派出抢险队,列车调度员要通知相关影响的车站做好乘客服务工作,必要时下达关闭不具备安全运营条件的车站命令。同时,列车调度员还要组织具备运行条件的区段维持运营。

4. 出现强风天气时的应急处置

如果出现强风大气,必要时值班主任向主管领导汇报,请求下达停止地面车站运营服务命令,组织具备运行条件的区间维持运营。列车调度员要向车站发布相关的运营服务信息,通知相关影响的车站做好乘客服务工作。

若发现或接报险情报告,值班主任要及时通知各部门,根据情况要求派出抢险队,安全组织运营。

5. 冬季线路出现积雪时的应急处置

冬季线路出现积雪时,列车调度员要随时了解积雪和列车运营状况,通知各部门启动冰雪天气预案,做好防冻工作,做好运营前的准备工作,如信号、道岔的工作状态、轨道的积雪情况、接触网的状态等。必要时列车调度员向车站、司机发布相关的运营服务信息,如驾驶模式的变更、列车速度的限制等。

接报险情报告后,值班主任要及时通知各部门,根据情况要求派出抢险队。列车调度员要通知相关影响的车站做好乘客服务工作。必要时下达关闭不具备安全运营条件的车站命令,同时,组织具备运行条件的区段维持运营。必要时,还要通知公交接驳严重堵塞区段的乘客。

6. 出现高温天气时的应急处置

出现高温天气时,列车调度员要随时了解高温变化情况,通知各站做好防高温、防火灾的措施。必要时向车站发布相关的运营服务信息。

值班主任要及时通知各部门,根据情况要求派出抢险队。电调要密切注意高温对接触网的影响,通知各车站、主变及牵引变电所值班人员做好防高温、防火灾的措施。必要时,综合调度员要组织人员加强对线路的检查,防止出现钢轨胀轨跑道的现象。

二、发生疾病防疫事件的应急处置

当出现疾病防疫事件时,控制中心要尽可能及时、有效地控制发生在城市轨道交通范围内的传播,维护地车站和列车的正常运营秩序,保障乘客和职工的人身安全。

当车站、列车发现乘客疑似重大疫情后,应立即通知值班站长、列车司机报告控制中心。值班站长接报后,立即赶赴现场,了解事件简要情况,指令车站值班员速报控制中心、站务中心,并报120急救中心。车站值班员通过手持台、电话等保持与控制中心、值班站长的联系,并利用CCTV关注事态发展,记录有关事项。客运值班员按照值班站长指示,引导120急救人员到达现场。120急救人员到达现场后,车站工作人员做好相应配合工作。

安保部与市疾病预防控制中心联系,报告事情简要经过,初步确定城市轨道交通防疫措施。控制中心按防疫措施组织进行环控模式的调整。站务中心设立车站应急隔离房,作为疑似重大疫情患者的临时休息用房,房间内不设通风系统。若市疾病预防控制中心确认城市轨道交通发生乘客疑似重大疫情,组织事发车站当班工作人员进行隔离检查。

三、地外设施影响列车运营的应急处置

地外设施影响列车运营的事件,是指城市轨道交通建筑限界以外,属于外部单位所有的设施,由于各种原因产生位移而侵入城市轨道交通建筑或设备限界,造成或可能造成城市轨道交通设施设备损坏、影响列车正常运行的事件。

当地外设施侵入城市轨道交通限界,应遵循"先通后复"的原则,启动应急预案,尽量减少对列车运营秩序的影响。

根据地外设施侵入涉及专业的不同,将地外设施侵限影响列车运行的情形分为供电、工务、通号、机电和自动化等类别。

1. 地外设施侵入供电接触网的应急处置

地外设施侵入供电接触网主要有地面高架线路接触网上方的高压输电线突然掉落,侵入接触网限界;地面高架线路接触网附近的高压电线杆突然歪斜倒下,侵入接触网限界;地面高架线路接触网受到上方横跨立交桥坠落物的碰砸等情况。

当掉落的高压输电线在接触网上方,未碰到接触网时,控制中心值班主任在接报后,立即通知所有前往该区段的列车限速通过,司机加强瞭望并及时汇报。电力调度员联系市供电局调度抢修部门和分公司供电中心应急人员赶赴现场进行应急处置,并将有关信息报公司领导和各部门负责人。

掉落的高压输电线已砸到接触网,接触网线未断但列车已无法通过时,控制中心值班主任在接报后,立即通知电力调度员切断该区段接触网供电,同时报公司领导,成立应急指挥部,并根据应急指挥部的指令进行行车组织的调整。

电力调度员联系市供电局调度抢修部门到现场抢修,供电中心应急人员赶赴现场检查接触网的受损情况,必要时出动接触网检修车。

2. 地外设施侵入工务类设施的应急处置

当突发事件造成高架桥桥墩、桥梁底部受损时,控制中心值班主任立即向公司领导报告,成立应急指挥部,并根据应急指挥部的指令进行行车组织调整。综合调度通知工务中心应急人员到现场进行检查确认受损情况,若受损部位外观无明显裂纹等损坏,列车调度员指令列车限速通过事发区段,值班主任根据应急指挥部的指令向总公司总师室报告,提请总公司联系相关检测单位对损坏的桥梁、桥墩进行检测。

当突发事件造成高架桥桥墩、桥梁断裂时,控制中心值班主任立即向公司领导和总公司相关部门报告。根据公司领导的指令启动城市轨道交通事件应急预案,具体应急处置措施按照该预案的规定执行。

3. 地外设施侵入通号类设施的应急处置

当外界无线电波对城市轨道交通的无线电频率、频段造成干扰,影响城市轨道交通正常通信时,通号中心立即向控制中心值班主任报告,值班主任通过列车调度员指令全线列车司机严格按"行车组织规则"的相关规定行车,必要时用手机和列车调度员保持联系,列车调度员的指令必要时通过沿线车站值班员或司机的手机传达,同时值班主任通知安保部报总公司后及时通过投诉电话和南京市无线电管理委员会联系,尽快查找干扰源,排除干扰现象,必要时物质设施部给予协助。

当地外设施侵限造成信号设备损坏,造成信号无法显示时,控制中心值班主任要对现场情况进行确认,若地外设施仅造成信号机信号不显示,没有侵入列车限界,则指令列车调度员通过电台指挥列车通过该区段,并通过综合调度通知通号中心安排人员运营结束后抢修。若地外设施侵限同时造成列车无法通过,值班主任通知相关部门进行现场处置的同时,通知通号中心应急人员对损坏的信号设备进行抢修。

四、相关案例:某城市轨道交通线路受台风影响事件

2005年8月某日,某市的城市轨道交通1号线受台风影响导致一段线路被水淹,造成列车运行中断,其间列车调度员通过小交路、单线双向运行等方式维持了线路的正常运营。

1. 事件描述

3:25,列车调度员发现 I 站至 J 站上行区间内有一节红光带,通知检修调度、车站值班员进行查看。此时 M 站至 P 站上行区间正在封锁施工,封锁区间内有一列轨道车作业,如图 5-12 所示。

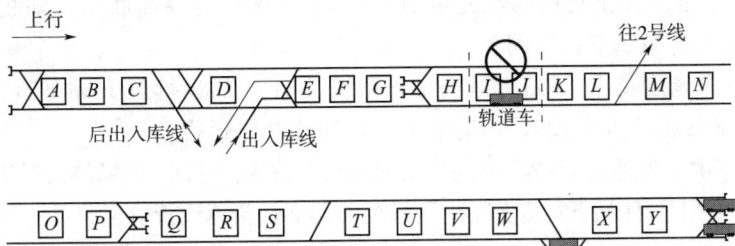

图 5-12 区间积水导致线路中断示意图

3:30,轨道车施工结束销点。列车调度员解除区间封锁,令轨道车至 J 站上行待命。

3:36,列车调度员安排 J 站值班员跟施工轨道车至 I 站至 J 站上行区间查看区间积水情况。

3:55,J 站值班员通过对讲机告知该区间内有严重积水,积水深度达腰,环调要求车站手动开启区间泵进行抽水。

4:00,J 站值班员报区间泵抽水无效果,水位无明显下降。施工轨道车司机来电告知,轨道车由于排气管进水目前迫停区间,请求救援。

4:08,列车调度员对工务、通号、客运、车辆调度发布抢修命令。同时要求全线各地下车站派人对区间线路进行巡检。

4:35,除 I 站至 J 站外,其他车站均报区间内无明显积水情况。

4:49,I 至 J 站下行区间也出现红光带,列车调度员要求车站派人至现场进行确认。

4:52,J 站来电报下行红光带为积水引起。

4:52,列车调度员向全线车站发布列车调整运行方案:A 站至 H 站小交路运行,L 站至 Y 站小交路运行,I、J、K 封站不办理客运作业,H 站至 L 站启动公交应急预案。调整方案如图 5-13 所示。

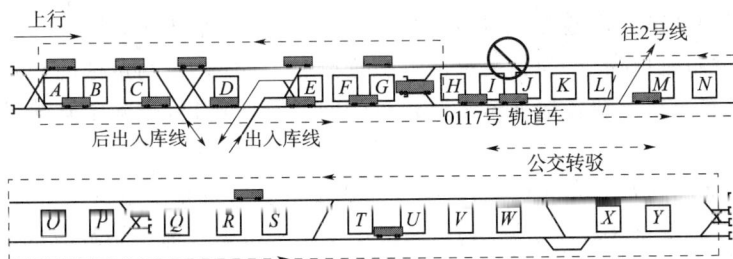

图 5-13 运营调整方案示意图

在运营调整过程中,列车调度员利用 E 站出库线发出载客列车 5 列,其中 1 列为携带转换车钩的 0117 号救援车停 I 站上行站台外,1 列停 H 站折返线待命;利用 E 站入库线发出空车 1 列由下行线反向运行至 H 站;利用后出库线发车 6 列,共计 12 列车投入 A 站至 H 站小交路运行;Y 站 3 列过夜车正向运行至 M 站下行站台后经由 M 站渡线反向运行至 L 站上行站台载客运行,执行 L 站至 Y 站的小交路运行。

5:30,列车调度员对 1 号线、2 号线全线车站乘客导向系统发布相关信息,并通知车站进行确认。同时通知 3、4 号线换乘站进行广播。

5:40,综合调度员通知 1 号线、2 号线全线车站目前 1 号线线路运行状态,要求进行车站广播等客运组织工作。

6:12,I 站至 J 站下行区间红光带消失,列车调度员与现场联系得知积水已退至轨面下,要求人员撤离下行区间。

6:25,列车调度员令 H 站折返线备车限速 20 km/h 运行至 L 站下行站台载客,后利用间隔又安排 4 列车投入 M 站至 Y 站区段小交路运行。

这 4 列车中 2 列是由 H 站下行空车反向运行至 M 站下行后经 M 站渡线折至 L 站上行载客;另外 2 列是 H 站下行空车反向运行至 P 站后经折返线折返至 P 站上行载客。

7:22,列车调度员再次调整运营方案:A 站至 H 站小交路运行(6 列车),H 站至 L 站利用下行线进行单线双向运行(1 列车),L 站至 Y 站小交路运行(8 列车),调整后的情况如图 5-14 所示。

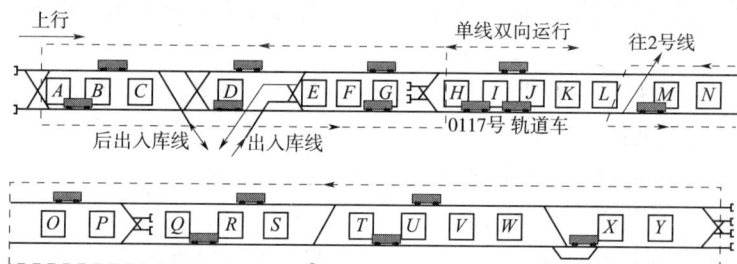

图 5-14 再次运营调整后的情况示意图

9:23,I 站至 J 站上行区间红光带消失,列车调度员与现场联系得知 I 站至 J 站上行积水已退至轨面下,列车调度员命令救援车 0117 号车至 I 站至 J 站上行区间救援轨道车。

9:36,两车连挂完毕动车反方向运行至 H 站折 4 线。

9:49,连挂车运行至 H 站折 4 线停运。

9:50,全线恢复正常运行。

2. 经验总结与问题分析

(1)列车调度员发现隧道区间出现红光带时,能及时通知相关人员处理,并根据事态发展及时发布抢修命令,为相关单位组织抢修赢得时间;在判定区间积水引起红光带后,能同时布置对全线各地下车站展开对区间线路的巡检,排除了其他区段发生险情的可能。

(2)确定区间积水列车无法运行时,列车调度员及时发布了运营调整方案,利用 Y 站的三列过夜车维持北段小交路运营,南段小交路则根据开通车站数适量地投入运营列车,确保了非事故区段的列车运营。

(3)及时启动公交应急预案,并发布命令通告各车站,利用信息屏告知乘客,尽可能地减小事故影响。

(4)列车调度员能及时让列车通过先行恢复的 H 站至 M 站下行反向运行,以补充北段运营列车数,随后 H 站至 L 站利用下行线进行单线双向载客运行,H 站至 L 站作为衔接站,将南北两个小交路连接,最大限度地恢复运营,显示出列车调度员在事件处置中良好的全局观。

(5)在台风、暴雨、高温期间调度员要加大对现场设备巡视、检查工作的监督力度，对重点注意事项向值班员做出布置，明确要求（如水位报警巡查等）；对现场发生的故障要有敏感性，对区间红光带、触网跳闸、区间积水、设备进水等现象尽早发现、尽快发布抢修命令，及早处理。

(6)由于轨道交通路网已初具规模，对于类似线路中断事件，可根据路网条件，发挥导乘指向系统的作用，组织乘客利用换乘站换乘其他线路，绕开故障区段"曲线"式到达目的地。

(7)可适时安排列车由 L 站下行载客至 A 站，该车过 H 站后，再由 H 站折返列车经由 H 站下行线反向载客至 L 站，可提高乘客便捷度，减少清客次数，但需控制节奏，以免影响南段小交路运行。

关键名称与概念

1. 列车救援：列车故障救援是城市轨道交通运营中较为常见的特殊行车组织方式，它是为了迅速及时地将在正线运行中出现故障且在规定时间内不能排除的列车及时迅速地移动到指定地点，开通运营线路的运行方式。

2. 客流突变：客流突变是指在城市轨道交通运营中由于各种因素致使城市轨道交通车站在某一单位时间内候车、停留的乘客超过了该站设计许可的客流容量，并有继续增加的趋势，如不采取紧急措施将极有可能发生人员伤亡事故或意外的事件。

3. 道床伤亡：道床伤亡事故是指在城市轨道交通运营线路范围内，发生列车撞轧人员，导致人员伤亡的事故。发生道床伤亡事故会对城市轨道交通运营秩序和服务造成重大影响。

4. 地外设施影响列车运营事件：地外设施影响列车运营事件是指城市轨道交通建筑限界以外，属于外部单位所有的设施，由于各种原因产生位移而侵入城市轨道交通建筑或设备限界，造成或可能造成城市轨道交通设施设备损坏、影响列车正常运行的事件。

5. 反恐类突发事件：反恐类突发事件是指在城市轨道交通的车站或列车上发生毒气、爆炸等严重危害广大乘客和城市轨道交通工作人员人身安全的事件。

复习题

1. 列车故障救援的应急处置流程有哪些？（适合【初级工】）

2. 正线大面积停电的应急处置流程有哪些？（适合【中级工】）

3. 道床伤亡事故的应急处置流程有哪些？（适合【中级工】）

4. 控制中心处置突发性大客流的流程有哪些？（适合【高级工】）

5. 车站发生爆炸或毒气时，控制中心的处置措施有哪些？（适合【高级工】）

6. 地外设施侵入供电接触网时，控制中心的应急处置有哪些？（适合【高级工】）

第六章　城市轨道交通行车事故处理

培训目标 ◄◄◄

　　通过本章学习,使学员对城市轨道交通行车事故的处理有较全面的认识。要求学员掌握行车事故的分类、行车事故报告的内容和写作方法;熟悉行车事故调查处理的原则和责任判定的依据;了解行车事故统计分析的方法和事故报告内容;达到能够根据事故处理规定参与或配合处理行车事故的水平。

第一节　城市轨道交通行车事故的分类

　　在城市轨道交通的运营过程中,由于各种主客观因素的影响可能发生的事故按类别可以分为行车事故、设备事故、工伤事故、火灾事故等,其中发生频率较高的是行车事故。凡在城市轨道交通运营工作中,造成人员伤亡、设备损坏、行车中断、危及运营安全及经济损失等情况的,均构成行车事故。行车事故发生时,城市轨道交通运营公司要积极采取措施,迅速抢救,以"先通后复"的原则,尽快恢复运营,尽量减少事故造成的损失。

　　行车事故按照事故的损失及对运营造成的影响和危害程度,分为特别重大事故、重大事故、较大事故、险性事故、一般事故和事故苗头。

一、特别重大事故

发生火灾、爆炸、列车冲突、脱轨,造成下列后果之一的为特别重大事故:

(1)死亡 10 人或死亡、重伤 30 人及其以上。

(2)事故直接经济损失在 1 000 万元及其以上。

二、重大事故

发生火灾、爆炸、列车冲突、脱轨,或由于地铁设备状态不良等其他原因造成下列后果之一的为重大事故:

(1)死亡 3 人或死亡、重伤 10 人及其以上。

(2)事故直接经济损失在 500 万元以上 1 000 万元以下的。

(3)中断正线(上下行正线之一)行车 180 min 及其以上。

(4)运营期间单个主变电所供电中断 360 min 及其以上。

(5)电客车中破一辆。

(6)工程车辆大破一台。

三、较大事故

发生火灾、爆炸、列车冲突、脱轨,或由于地铁设备状态不良等其他原因造成下列后果之一的为较大事故:

(1)死亡1人或重伤3人及其以上。

(2)事故直接经济损失在300万元以上500万元以下的。

(3)中断正线(上下行正线之一)行车120 min及其以上180 min以下的。

(4)运营期间单个主变电所供电中断240 min及其以上360 min以下的。

(5)电客车小破一辆。

(6)工程车辆中破一台。

四、险性事故

凡事故性质严重,但未造成严重损害后果或损害后果不够大事故及以上事故,造成下列后果之一的为险性事故:

(1)事故直接经济损失在100万元以上300万元以下的。

(2)中断正线(上下行正线之一)行车60 min及其以上120 min以下的。

(3)运营期间单个主变电所供电中断120 min及其以上240 min以下的。

(4)列车冲突。

(5)列车脱轨。

(6)列车分离。

(7)未经批准,擅自切除车载安全防护或BBS装置。

(8)未经批准,擅自向占用区间接入或发出无ATP保护的列车。

(9)未准备好进路或错排进路接入或发出列车。

(10)未拿或错拿行车凭证发车。

(11)列车、车辆溜入区间或站内。

(12)列车冒进禁行信号。

(13)客车夹人或夹物开车导致乘客受伤或地铁设备较大损坏。

(14)正线各类设施、设备、物资等侵入车辆限界,造成车辆较大损坏。

(15)列车运行中,因车辆部件脱落或货物装载不当造成地铁设备较大损坏。

(16)错送电、漏停电。

(17)运营期间正线线路走行轨由轨头到轨底贯通断裂。

(18)载客列车错开车门造成乘客伤害、运行途中开门或车未停稳开门。

(19)行车指挥无线通信系统故障,造成全线无线中断20 min及以上、局部无线中断30 min及以上。

(20)基地(停车场)出车时,因设施设备故障等原因影响10列以上其他列车上线运营。

(21)错误办理行车凭证发车或耽误列车10 min以上。

(22)漏发、漏传、错发、错传调度命令耽误列车10 min以上。

(23)其他(性质严重的行车事故,经运营公司安全生产委员会决定列入本项的)。

五、一般事故

凡事故性质及损害后果不够大事故及险性事故的为一般事故：

（1）事故直接经济损失在 20 万元及其以上 100 万元以下的。

（2）在运营时间内,因设备故障或其他原因造成正线（上下行正线之一）中断行车 30 min 及以上 60 min 以下的。

（3）运营期间单个主变电所供电中断 60 min 及其以上 120 min 以下的。

（4）调车冲突。

（5）调车脱轨。

（6）非运营列车分离。

（7）挤道岔。

（8）在非运营时间内,因施工、设备故障或其他原因影响首班载客列车始发晚发 20 min 及其以上。

（9）未经批准,载客列车在站通过。

（10）因设备原因造成列车运行降级为电话闭塞法/电话联系法行车。

（11）错误办理行车凭证发车或耽误列车 10 min 以下。

（12）漏发、漏传、错发、错传调度命令耽误列车 10 min 以下。

（13）列车转线、调车作业时,碰轧脱轨器或碰轧防护信号、撞止挡。

（14）未撤除止轮器开车。

（15）因错发操作命令或人员误操作造成断路器跳闸,导致接触网误停电。

（16）行车指挥无线通信系统故障,造成全线无线中断 10 min 及以上、局部无线中断 15 min 及以上。

（17）载客列车错开车门未造成乘客伤害。

（18）基地（停车场）出车时,因设施设备故障等原因影响 6～10 列以上其他列车上线运营。

（19）其他（经运营公司安全生产委员会决定列入本项的）。

六、事故苗头

凡在地铁范围内,因违反规章制度,违反劳动纪律或其他原因造成设备损坏,影响正常行车或危及行车安全,但事故性质或损害后果达不到事故的为事故苗头；因违章行为性质严重,虽未造成损失,但经事故调查处理小组定性为事故苗头的。

（1）运营时间内,因设备故障或其他原因造成正线中断（上下行正线之一）行车 20 min 及其以上 30 min 以下的。

（2）载客列车车门故障无法关闭,且无安全措施行车。

（3）列车夹人、夹物开车。

（4）未经允许,载客列车进入非运营线路。

（5）车站未按规定时间开、关站。

（6）运营中,车站照明全部停电。

（7）无证操作 LOW 或违章操作、错误执行相关命令,影响行车。

（8）设备故障情况下,单个道岔手摇道岔作业时间超过 15 min。

（9）未经批准，通过列车在站停车。

（10）正线客车车辆空气制动系统失去作用，未造成后果。

（11）车辆未达到出库标准进入正线载客服务。

（12）连续两次及以上同一原因造成列车产生紧急制动。

（13）列车或车辆溜逸，未造成后果。

（14）车辆、设备故障或人为操作失误造成运营客流高峰阶段车站被迫采取非正常封站或限流措施。

（15）全线 ATS 故障 10 min 内未修复。

（16）单个联锁区 ATP 故障 30 min 内未修复。

（17）基地客车转线进入无电区或无网区。

（18）各类机柜门、检查孔盖未按规定锁闭或设施固定不牢，造成列车区间停车。

（19）调度电话无录音或未到规定时间录音丢失；中央处理系统未到规定时间数据丢失。

（20）运营期间，设备、设施、广告、备品脱落或掉下站台、隧道，造成列车停车。

（21）空调季节，车站环控系统故障停止运行连续时间超过 24 h。

（22）人为失误，造成自动消防设施误喷。

（23）在灾难、险情时，FAS 未能正常报警。

（24）无特种作业操作证操作特种设备、车辆。

（25）正线施工作业未登记或作业结束后未注销，影响运营。

（26）线路检查维修不当或线路胀轨等原因造成列车临时限速。

（27）正线联络线不能正常使用。

（28）排水不畅积水漫过道床，影响运营。

（29）接地线错挂、漏挂、错撤、忘撤。

（30）基地（停车场）出车时，因设施设备故障等原因影响 2～5 列其他列车上线运营。

（31）其他（经运营公司安全生产委员会决定列入本项的）。

其他危及运营安全的，公司安全生产委员会认为有必要时可定为事故；同时安全生产委员会也有权对事故重新认定。

第二节　行车事故的调查和处理

在事故救援工作完成以后，要以事实为依据，以有关法规、规章为准绳，按照"四不放过"的原则（即事故原因没有查清不放过，事故责任者没有严肃处理不放过，广大职工没有受到教育不放过，防范措施没有落实不放过）处理事故，查明原因，制定整改措施，防止同类事故再次发生。

城市轨道交通线路一旦发生行车事故，必须根据事故的等级遵照规定的程序进行调查和处理。

一、事故调查处理小组的组成

行车事故调查处理小组由公司分管安全副总经理担任组长，公司副总工程师、安全保卫部部长、技术部部长、工会工作部部长担任副组长,公司安全保卫部、技术部及相关部门、中心人员(必要时请相关专家参加)担任组员等三部分组成。事故调查处理小组成员应当具有事故调查所需要的知识和专长,并与所调查的事故没有直接利害关系。

事故调查处理小组成员应当服从统一领导,密切配合、恪尽职守、信息共享,事故调查期间未经事故调查组组长允许,调查组成员不得擅自发布有关事故的信息。

二、事故调查的工作要求

事故调查处理应当坚持实事求是、尊重科学的原则,及时、准确地查清事故经过、事故原因和事故损失,查明事故性质,认定事故责任,总结事故教训,提出整改措施,并对事故责任者追究责任。

事故调查处理小组应严格履行职责,及时、准确地完成事故调查处理工作。相关部门应支持、配合事故调查处理工作,并提供必要的便利条件。参加事故调查处理的部门、中心应当相互配合,提高事故调查处理工作的效率。工会依法参加事故调查处理,有权向有关部门提出处理意见。任何部门和个人不得阻碍、干涉事故调查处理小组的正常工作。

三、事故调查工作规则

(1)发生事故时,现场负责人应及时安排人员采取各种方式收集事故证据,在事故处理小组到达现场后移交给事故处理小组。

(2)事故处理小组、公安地铁分局人员到达事故现场后,由事故处理小组负责指挥,按相关职责开展事故调查工作,必要时召开事故现场调查会。

(3)事故调查处理小组有权向事故发生部门、中心了解情况并调取有关资料。

(4)事故发生部门、中心主要负责人和有关人员在事故调查期间应当随时接受事故调查小组的询问、调查,如实提供有关情况和资料,并在事发 24 h 内向事故调查组提供事故初步分析报告(包括事故经过、原因分析、处置分析、整改措施等内容)。

(5)事故调查小组应当对事故调查报告进行充分讨论,并达成一致意见。意见不一致的,应当根据多数成员的意见做出结论,并在事故报告中如实表述各方的不同意见。

(6)事故调查内容包括以下方面:

①做好现场调查工作,及时收集现场物证材料。

②保护、勘查现场,详细检查车辆、线路及其他设备,做好事故事实材料收集工作。

③绘制现场示意图、摄影录像,如技术设备破损故障时,应保存其实物。

④对事故关系人员、现场见证人进行分别调查,由本人写出书面材料。

⑤检查有关技术文件的编制、填写情况,必要时将抄件附在调查记录内。

⑥要注意是否有人为破坏的迹象。

四、事故调查处理报告的规定

(1)事故调查报告内容:

①事故发生的经过和事故救援情况。

②事故造成的人员伤亡和直接经济损失。

③事故发生的原因和事故性质。

④事故责任的认定以及对事故责任者的处理建议。

⑤事故防范和整改措施。

（2）事故调查处理报告应当附具有关证据材料。事故调查处理小组成员应当在事故调查处理报告上签名。

（3）发生较大及以上事故时，事故调查处理小组应当自事故发生之日起15 d内向公司安全生产委员会提交事故调查处理报告；发生险性及以下事故时，事故调查处理小组应当自事故发生之日起10 d内向公司安全生产委员会提交事故调查处理报告。

（4）发生险性及以上事故时，事发单位应当自事故发生之日起4 d内向事故调查处理小组提交事故调查处理正式报告；发生一般事故时，事发单位应当自事故发生之日起2 d内向事故调查处理小组提交事故处理正式报告；发生事故苗头时，事发单位应当自事故发生之日起1 d内向事故调查处理小组提交事故处理正式报告；事发单位并应根据具体情况及时续报。

五、各级事故的处理

1. 特别重大、重大、较大事故的处理

按照集团公司或上级部门处理意见执行。

受集团公司及上级委托处理较大及以上事故时，公司安全生产委员会应及时、准确地查清事故经过、事故原因和事故损失，确定事故性质，认定事故责任，总结事故教训，提出整改措施，并对事故责任者追究责任，并按集团公司及上级部门的要求及时提供调查处理报告。

2. 险性及以下事故的处理

发生险性事故及一般事故时，事故调查处理小组应及时展开事故调查，召开事故分析会，查清事故经过，查明事故原因及责任，对事故定性定责，提出处理建议，责成相关部门制定防范措施，并于10 d内向公司安全生产委员会提交事故调查处理报告，由公司安全生产委员会对事故调查处理报告进行审核。

发生事故苗头时，事发单位应及时展开事故调查，召开分析会，查清事故经过，查明原因及责任，做出处理决定，制定防范措施，并于1 d内将事故报告一式两份，报安全保卫部一份备案。

运营公司安全生产委员会认为有必要时，可对各类事故进行复查，并可对事故性质提级处理。

行车事故若属人为破坏性质，涉及违法犯罪时交由公安机关调查处理。

第三节　行车事故的责任判定

行车事故经过调查后必须对相关责任单位和责任人进行责任判定，并根据不同的责任对责任单位和责任人进行处理，责任判定必须遵循以事实为依据、以规章为准绳的原则。

行车事故责任按程度分为全部责任、主要责任、同等责任、次要责任、一定责任。

按责任关系分为直接责任、间接责任。行车事故中承担的责任分配关系如下：全部责任100%，主要责任75%，同等责任50%，次要责任30%，一定责任10%。

事故责任判定具体方法如下：

（1）行车事故责任按责任程度分为全部责任、主要责任、同等责任、次要责任、一定责任；按责任关系分为直接责任、间接责任。

①事故全部由一方原因造成，则承担全部责任。

②当事故由两方以上原因造成，相关单位不能提供事故的原因，造成难以分清责任时，可裁定相关单位均衡承担责任。

③当事故由两方原因造成，主要原因一方则承担主要责任；非主要原因一方则承担次要责任。

④当事故由三方以上原因造成，则视各方责任依次承担主要责任、次要责任、一定责任，或具有非造成事故的直接原因，但与事故发生有一定的关系时，则负有一定责任。

（2）因不可抗拒的外因造成的事故，不计事故指标。若因处理不当造成的次生事故，将按上述条款追究有关部门和个人的责任。

（3）当一起事故同时符合两类以上事故的定性条件时，按最重的性质定性。

（4）新线系统设备在质保期内，由于产品质量问题造成事故时，可对专业管理责任单位降级定责。

（5）相关部门委托地铁外部单位施工发生事故追究相关单位的委托管理责任，负一定责任。

（6）对事故责任者，应根据事故性质和情节，予以批评教育、经济处罚、行政处分直至依法追究法律责任。

第四节　行车事故的统计分析和总结报告

对已经发生的行车事故进行统计分析和总结是事故处理过程的重要环节，对教育职工、制定整改措施、防止同类事故的再次发生具有非常重要的意义。城市轨道交通公司各单位都要建立事故记录台账，详细记录各种运营事故发生的经过、原因及处理情况，定期分析总结。

各单位安全工程师（或安全员、安全协理员）应将当日发生的事故情况填写事故分析报告书汇报安全保卫部。

一、事故分析报告书报送要求

事故分析报告书按以下要求报送：

（1）重大、较大事故，应于事故发生后三个工作日内将初步报告报送到安全管理部门，并随时配合提供进一步情况的报告。

（2）险性、一般事故及事故苗头，应于事故发生后五个工作日内报送到安全管理部门。直接影响运营生产安全的故障、事件及其他要求提交的，应于发生后五个工作日内报送到安全管理部门。

（3）上级部门、领导或安全管理部门另有要求的，按要求提交。

二、事故分析报告书的内容

事故分析报告书应包括以下方面的内容：

(1)事故经过。事故经过包括事发情况、处理情况、客运组织、应急运营组织、抢险组织、目前状态等。

(2)影响或损失。影响或损失包括退票、关闸、关站等客运服务方面的影响,限速、晚点、抽线、中断行车等列车运行方面的影响,设备降级运转、损坏、关停等设备运行方面的影响以及人员伤亡、经济损失等情况。

(3)原因分析。原因分析是指分析造成事故的直接原因、间接原因,或者是主要原因、次要原因、一定原因、管理原因等。

(4)定性定责。定性分为特别重大事故、重大事故、较大事故、险性事故、一般事故和事故苗头、其他事故、事件等,有人员伤亡的还要分为死亡、重伤、轻伤事故等。定责分为主要责任、同等责任、次要责任、一定责任、管理(领导)责任等。

(5)责任单位及人员处理。负有责任的单位及人员,根据相关安全奖惩办法进行处理,在事故救援或降低事故影响等工作中表现突出的员工,根据相关安全奖惩办法奖励。

(6)防范措施。根据原因分析,制定包括对人员管理、设备设施、运营组织、操作规程等方面的应急措施和整改措施。

事故分析报告书格式见表 6-1。

表 6-1　行车事故分析报告书

事故单位						
时间						
地点						
车次						
车型号码						
事故概况 (含损失程度)						
事故(事件) 定性						
事故处理会议 参加人员 姓名、职务						
责任者	姓名	性别	年龄	职务	单位	处理意见(建议)
全部责任						
主要责任						
次要责任						
防范措施						

填表人：　　　　　　　　　　　　　报出时间：

除了在发生事故后填写事故分析报告书,各单位安全工程师(或安全员、安全协理员)还需在次月初前三日内对上月的事故及安全工作情况进行分析、总结,并填写"月度安全情况统计表"报公司安全保卫部。"月度安全情况统计表"的格式见表6-2。

表6-2　月度行车安全情况统计表

类别	项目 件数	发生事故情况（件数或人数）		防止事故情况（件数）	安全管理	
		责任	非责任		项目	次(件)数
行车事故	特别重大事故				安全教育	
	重大事故				安全检查	
	较大事故				发现问题	
	险性事故				自行解决问题	
	一般事故				上报公司问题	
	事故苗头					
	合计					
火灾事故	特大事故					
	重大事故					
	一般事故					
	合计					
工伤事故	死亡事故					
	重伤事故					
	轻伤事故					
	合计					
地外伤亡事故	死亡					
	受伤					
	合计					
备注:						

运营公司于每月前五日内,对上月内发生的各类行车事故进行分析汇总,具体由安全保卫部负责进行汇总,报公司领导及有关部门。

每年底,各单位应对年内发生的各类行车事故分析汇总,填报"年度事故统计表",于次年初前五日内报安全保卫部。

事故的统计数字和责任部门以安全保卫部的记载为依据。事故涉及两个以上单位时,应将事故件数列入主要责任单位。按同等责任论处的事故,事故的双方均统计数字,由公司统计事故件数。

因不可抗拒的外因造成的事故,不计事故指标。若因处理不当造成的次生事故,将按上述条款追究有关单位和个人的责任。

当一起事故同时符合两类以上事故的定性条件时,按最重的性质定性。

1. 险性事故:险性事故是指事故性质严重,但未造成严重损害后果或损害后果不够大事故及以上事故的行车事故。

2. 一般事故:一般事故是指事故性质及损害后果不够大事故及险性事故的行车事故。

3. 事故苗头:事故苗头是指在城市轨道交通运营工作中,因违反规章制度,违反劳动纪律或其他原因造成设备损坏,影响正常行车或危及行车安全,但事故性质或损害后果达不到事故;或因违章行为性质严重,虽未造成损失,但经安全部门定性为事故苗头的事件。

4. 事故责任判定:行车事故的责任判定是指行车事故经过调查后,根据不同的责任对责任单位和责任人进行处理,责任判定必须遵循以事实为依据,规章为准绳的原则。

5. 事故处理"四不放过"原则:事故处理"四不放过"的原则是指事故原因没有查清不放过,事故责任者没有严肃处理不放过,广大职工没有受到教育不放过,防范措施没有落实不放过。

复习题

107

1. 事故处理"四不放过"的原则有哪些?(适合【初级工】)

2. 一般事故包括哪些?(适合【初级工】)

3. 险性事故包括哪些?(适合【初级工】)

4. 事故苗头包括哪些?(适合【中级工】)

5. 一般事故的调查处理程序有哪些?(适合【高级工】)

6. 事故苗头的调查处理程序有哪些?(适合【高级工】)

7. 事故责任判定具体原则有哪些?(适合【高级工】)

第六章 城市轨道交通行车事故处理

第七章　城市轨道交通新线介入与试运营

培训目标 ◀◀◀

　　通过本章的学习,使学员对城市轨道交通新线介入与试运营的知识有全面认识;使学员了解城市轨道交通新线介入的要求、试运营的设备要求及新线接管交接的基本条件。

第一节　运营介入阶段与实施

一、运营介入部门和工作职责

1. 新线管理部门

新线管理部门负责新线建设的前期介入、工程施工、验收接管、试运营准备的牵头、组织、协调工作。统一负责公司有关新线建设各阶段的对外联络,计划制定、组织与展开,对外单位合同的统一协调,并负责公司内部各专业之间的协调。

2. 人力资源部门

人力资源部门根据工程进展、验收、试运营准备工作的进度和总体要求,做好新线人员需求计划并按进度配置必需的人员。

3. 各专业公司

各专业分公司是运营介入、试运营准备工作的责任主体,参与并具体实施运营介入、试运营准备等相关工作。

二、运营介入阶段与实施内容

1. 工程建设前期阶段

(1)规划阶段

选线规划完成后,运营单位参与选线规划工作,了解规划选线的基本情况。

(2)预、工可报告阶段

运营单位配合编写预、工可报告运营相关章节内容。

运营单位参加内部预、工可报告交流评议,提出修改意见。

运营单位参加政府有关部门组织的预、工可报告专家评审会。运营单位了解预、工可报告的基本情况。

(3)总体设计阶段

运营单位配合建设管理单位确定运营相关的总体设计技术原则及要求,配合总体设计单位编写运营相关章节的内容,提出运营需求和标准。

总体设计编制完成后,运营单位参加总体设计文件会审,提出修改意见。

运营单位参加政府有关部门组织的总体设计文件报告专家评审会。运营单位掌握总体设计的情况。

(4)初步设计阶段

运营单位配合建设管理单位确定运营相关的初步设计技术原则和要求,并配合有关设计单位编制初步设计文件,编写运营相关具体内容,细化运营要求。

初步设计编制完成后,运营单位参加初步设计会审,提出书面修改意见。

运营单位参加政府相关部门组织的初步设计专家评审会,运营单位掌握初步设计的情况。

(5)施工图设计阶段

设计单位完成施工图设计后,运营单位根据建设管理单位提供的施工图目录向建设管理单位提出所需的具体图纸资料,并组织专业人员仔细研究,全面掌握施工图设计的技术要求及系统功能状况。

根据运营实际需要,运营单位可向设计单位提出运营功能相关的设计变更。当设计变更经集团公司批准后,建设管理单位应及时将设计变更情况通报运营单位。

(6)设备招标阶段

设备管理单位负责编制设备招标技术文件。在编制设备招标技术文件时,应组织运营单位参加设备系统功能要求、技术规格等内容的研讨工作,运营单位应重点对设备的备品备件、专用工器具,专业培训等方面提出明确的需求和建议。相关文件经确认后,进行统稿并实施招标工作。

(7)设备系统设计联络阶段

设备管理单位会同运营单位相关专业人员参加设备系统设计联络会,运营单位根据设计文件、合同技术文本等要求以及运营实际情况,对相关设备系统的具体技术细节提出意见和建议,配合建设管理单位完成设计联络工作。

在设备系统设计联络结束后,设备管理单位向运营单位提供设备系统技术联络相关文件。

2.工程施工阶段

(1)土建工程施工实施

土建工程开始实施时,建设管理单位向运营单位提供工程筹划报告,定期通报工程进度和计划调整情况,并且详细说明需要关注的重点工程问题,运营单位掌握工程施工动态和重点工程问题。运营单位做好周边居民区客流调研工作。

(2)设备安装实施

在设备安装实施时,由设备管理单位提出,设备管理单位、运营单位建立联席会议制度,运营单位参与施工管理、工程交接、试运营演练及试开通各项准备等工作。设备管理单位负责定期召开联席会议工作例会,通报工程实施情况和工程节点计划安排、协调运营单位提出的工程相关问题、审核多系统联合调试和试运行演练方案、研究处置工程交接具体工作等。

根据设备系统安装进度实施情况,设备管理单位应会同运营单位按专业成立供电、车辆段(停车场)、线路及建筑(工务)、通信信号、车站机电设备、自动售检票(AFC)、行车管理和客运服务等专业工作小组,运营单位应安排相对固定的专业人员参加各专业小组。根据需要,设备管理单位可组织业主代表单位、监理单位和施工单位参加相关专业工作小组。

(3)单体设备系统调试

设备管理单位安排施工单位负责单体设备系统调试。单体设备系统调试工作完成后,施工单位应及时提供调试报告并通过建设管理单位向运营单位提供每个专业系统调试报告。

各专业工作小组应组织运营单位安排相关技术人员参与施工单位的单体设备系统调试工作,并对调试记录做书面确认。

一般情况下,施工单位实施单体设备系统调试工作和运营单位对该系统功能确认工作应同步进行。运营单位应根据设计文件的有关技术要求对系统功能进行确认并做相应的记录。

建设管理单位应及时向运营单位提供设备系统的技术功能规格说明书、维护手册、操作手册等文件资料,组织运营单位进行设备系统相关培训工作。在施工现场条件允许的情况下,对运营单位的设备相关培训工作可与调试工作同步进行。针对不符合设计文件或实际运营需求的情况,提出建议或变更要求。

运营单位应积极主动配合建设管理单位和施工单位完成设备系统的调试、启动工作。当设备系统启动操作需要运营单位实施时,应及时提供操作人员名单,组织相关操作人员到岗。

(4)多系统联合调试

建设管理单位应组织进行多系统联合调试。根据工程建设的实际情况,可由建设管理单位牵头委托运营单位进行多系统联合调试。多系统联合调试结束后设备管理单位应及时编制调试报告,并向运营单位提供多系统联合调试报告。

运营单位在参与设备调试过程中发现问题应及时向建设管理单位通报,在此过程中有新的运营需求应及时与建设管理单位协商和沟通。设备管理单位应积极处置运营单位提出的问题并做及时回复,对于不能及时处置的问题应做备案。

3. 工程验收接管阶段

(1)单位工程预验收

设备管理单位组织进行各单位工程预验收,运营单位作为预验收成员参加预验收工作。设备管理单位应在预验收会召开前,组织运营单位安排专业人员仔细了解相关单位工程的现场实际情况,运营单位应根据设计文件技术要求对工程质量提出有关的意见和建议。涉及设计要求以外的其他相关意见和建议应及时与设备管理单位沟通协商,设备管理单位对相关意见和建议应做备案记录并明确回复,但不可作为工程验收意见。

(2)单位工程正式验收

建设管理单位组织进行各单位工程正式验收时,运营单位作为建设方代表成员参加正式验收工作。运营单位掌握验收情况。

(3)项目验收

建设管理单位组织进行各项目验收时,运营单位作为建设方代表成员参加各项目验收工作。运营单位掌握验收情况。

运营单位应积极配合设备管理单位完成项目验收工作,在特殊专业(如消防)验收时,应及时提供持证操作人员名单等相关资料。

名类验收资料应在竣工资料交接时由设备管理单位向运营单位一并移交。为确保运营顺利进行,设备管理单位在各项目验收后及时向运营单位提供非正式的验收资料。

(4)工程交接

原则上在项目验收完成后,建设管理单位组织运营单位进行工程交接。工程交接应根据建设进度的实际情况按项目实施,主要包括管理权(含行车作业指挥及管理权)交接、工程实物资产交接、备品备件交接以及合同和竣工资料交接。

根据工程建设实际情况,在满足管理权交接基本条件下,建设管理单位和运营单位可在项目验收前进行管理权交接,管理权交接内容可按项目类别、合约类别或专业类别划分。其他交接可在管理权交接后安排进行,原则上在试运营开通后一段时间内和运营单位应完成全部交接工作。

为确保工程实施过程中安全以及合理运用电动客车,在满足相关基本条件后,建设管理单位应向运营单位移交行车作业指挥及管理权,运营单位应根据工程的实际情况制定相应的管理办法报送建设管理单位并实施行车作业指挥和管理。如相关基本条件不能满足,为确保安全,设备管理单位可与运营单位协商,借用行车相关专业人员进行管理。

交接过程中设备管理单位和运营单位对项目的有关意见和建议应采取签署备忘录的形式记录下来。对重大的和涉及安全的问题,建设管理单位应在规定的时间内进行整改,但双方不得因此影响工程建设进度。

(5)试运行演练

根据工程调试和验收情况,运营单位应负责编制试运行演练方案,并组织实施试运行演练工作。设备管理单位应提供足够的时间保证试运行演练顺利进行,并组织施工单位或设备供应商配合运营单位进行试运行演练。运营单位应将试运行演练中发现的有关问题及时通报建设管理单位,建设管理单位应及时组织力量进行整改。原则上试运行演练能和多系统联合调试结合的应同步进行,并尽可能在试运营基本条件认定前完成,运营单位应将试运行演练的有关情况作书面记录并形成报告提交设备管理单位。

在进行试运行演练同时,设备管理单位应负责编制工程建设情况报告,运营单位应负责编制试运营准备报告。

(6)试运营基本条件认定

设备管理单位和运营单位配合政府部门完成试运营基本条件认定工作。

根据试运营基本条件认定的情况,设备管理单位负责实施相应工程整改工作,运营单位应积极配合为整改工作创造条件。

(7)试运营

经政府主管部门批准开始试运营后,设备管理单位委托运营单位全面负责试运营和日常管理工作。

(8)工程国家验收

设备管理单位和运营单位配合国家有关部门完成工程国家验收。

工程国家验收时,设备管理单位负责提供验收相关文件资料,运营单位负责提供工程试运营报告。

4. 其他工作

（1）分期接管

根据工程建设的实际情况，运营单位应在设备管理单位组织下分阶段接管已建成的工程。双方应相互协商并签订委托管理协议，明确各自的职责、管理界面、管理权限等。运营单位应制订明确的相应管理办法报设备管理单位。

（2）关联工作

当轨道交通工程建设涉及既有线路运营时，相关设备管理单位应采取措施将对既有线路正常运营的影响降低到最低限度。设备管理单位应与相关运营单位协商，明确工程与既有线路的工作界面和管理职责。在确保既有线路运营安全的情况下，运营单位应积极主动配合设备管理单位，指定专门部门或人员牵头协调，为相关工程建设创造条件，提供便利。在工程建设条件允许情况下，设备管理单位也可委托运营单位实施与工程相关的既有线部分工作。

第二节　新线接管工作

一、新线工程接管的有关规定

新线工程接管内容包括各专业系统的管理权、实物资产、备品备件、合同和竣工资料等，正线行车和施工指挥管理权以及停车场行车和施工指挥管理权。

在进行管理权交接时，运营接管单位应与建设管理单位协商并签订委托管理协议，明确委托管理的具体范围和职责。

1. 专业系统的接管

各专业系统交接时，运营接管单位应及时组织人员依照新线相关验收标准，对相关系统设备的功能状态予以确认并接管。建设管理单位和运营接管单位应对项目交接的有关意见和建议予以记录。对于涉及安全的重大问题，建设管理单位应在试运营开通前完成整改。

2. 正线行车和施工指挥管理权的接管

正线行车和施工指挥管理权是指从首列电客车上正线调试起，在正线线路轨道上行驶任何车辆的指挥权，和进入线路区间施工（含车站内侵入限界或动用行车设备的施工）的管理权。

正线行车和施工指挥管理权由运营单位接管。运营单位应制定正线动车及施工作业管理办法，正线线路的施工计划申报和实施组织由专业接管单位负责。

正线行车和施工指挥管理权接管前，正线线路轨道、供电系统（含接触网）、通信、信号等专业设备须由专业公司确认状态并接管，车站道岔、信号操作设备由专业公司确认可用并交付运营单位使用，同时明确操作要求。

3. 停车场行车和施工指挥管理权的接管

停车场行车和施工指挥管理权是指从在首列电客车进入停车场调试起，在停车场内线路轨道上行驶任何车辆的指挥权,和侵入停车场线路施工(含动用行车设备的施工)的管理权。

停车场行车和施工指挥管理权由运营单位接管。运营单位应制定停车场动车及施工作业管理办法,有关施工计划申报和实施组织由专业接管单位负责。

停车场行车和施工指挥管理权接管前,停车场线路轨道、供电系统(含接触网)、通信、信号等专业设备须由专业公司确认状态并接管,道岔、信号操作设备由专业公司确认可用并交付运营单位使用,同时明确操作要求。

二、新线管理权交接基本条件

为提高工程建设效率,保证工程交接工作顺利进行,在工程基本完成并满足以下基本条件后,设备管理单位可与运营单位进行管理权交接。根据工程建设实际要求,管理权可多个项目一起交接,也可逐个或一个项目中的部分进行交接,但每次交接均应签署交接备忘录。

1. 车辆段(停车场)

(1)场内线路。场内轨道铺设完毕,线路标志齐全,线路无侵限,具备电动客车和工程车辆行车条件。场内道路施工基本完成,具备车辆通行条件。

(2)建筑。需交接的场内建筑已经过工程相关验收,停车库具备停车条件,需交接的管理或生活用房具备上下水、照明、动力等基本生活条件,食堂、浴室、厕所等可以部分投入使用。

(3)信号。场内信号安装完毕,调试基本完成,可以交付使用。

(4)通信。公务电话开通,可以使用。

(5)供电。场内牵引、降压变电所完成受电,接触网受电并完成冷、热滑,可以投入使用。

(6)警卫。场内围墙完好,可以封闭,出入口具备警卫人员执勤条件。

2. 控制中心

(1)建筑。已经过相关验收,装修基本完成,建筑结构封闭。生活用房上下水、动力照明可以使用,厕所可以使用。

(2)通信。调度集中电话、公务电话、无线对讲设备、上级电力调度专线电话、市话、网络等可以投入使用。业务通信具备录音功能。

(3)其他设备。设备系统基本达到设计功能,ATS、SCADA、FAS、BAS(EMCS)、CCTV、AFC、综合监控等系统可以开通使用。设备系统操作数据具备存储条件。

(4)警卫。出入口具备警卫人员执勤条件。

3. 变电所

(1)建筑。变电所建筑结构封闭,装修基本结束,至少1处大门具备进出条件。上下水、动力照明可以使用,厕所可以使用。

(2)设备。变电所设备已安装完成,调试基本结束,已通过正式验收,完成受电并通过带电运行72 h验证。消防设备可以投入使用。

(3)通信。至少提供1门市话。

(4)警卫。变电所门窗可以封闭(如有庭院,庭院围墙完好,大门可以封闭),具备值班条件。

4. 车站

(1)建筑。车站装修基本完成,至少1处出入口具备进出条件。车站结构封闭,出入口可以关闭。生活用房上下水、动力照明可以使用,厕所可以使用。

(2)供电。降压变电所完成受电。

(3)设备。车站设备安装和测试基本结束,通风和管理区域空调设备口可以使用。

(4)通信。公务电话开通可以使用。

车站管理权交接时除变电所部分可以单独进行交接外,车站其他部分原则上整体交接,且该线路所属的全部车站宜作一次性交接。

5. 线路

(1)线路。全线轨道应敷设完成,无侵限,线路标识齐全,车挡完好,已全部通过工程正式验收。

(2)接触网。接触网工程施工全部完成,并已经过冷、热滑,已通过工程正式验收并已完成受电。

(3)管线工程。线路上的管线施工已全部完成。

6. 行车作业指挥及管理

(1)线路。线路已由运营单位接管。线路上所有道岔功能完好,可以进行电动操作。

(2)车站。车站已由运营单位接管。车站的行车值班室可以使用。

(3)车辆。车辆已完成静态调试和场内动态调试,具备上线条件。

(4)车辆段(停车场)。车辆段(停车场)已基本具备停车能力,出入库线可以使用。

(5)供电。牵引、降压变电所完成受电,接触网已受电。

(6)信号。信号设备已全部安装完毕。

(7)通信。列车调度电话和公务电话开通可以使用,手持无线设备可以投入使用。

(8)安全。站台与区间线路之间有安全设施和安全标志。

(9)其他。若工程与既有线相关,则与既有线相关的接口部分的各专业工作已完成。

当进行工程管理权交接时,如上述基本条件中有部分非安全必需的条件不能完全满足,设备管理单位与运营单位应根据工程实际情况协商解决。必要时,设备管理单位应提供临时过渡的方式予以解决。

第三节　新线试运营

一、新线接管工作要求

1. 新线介入的管理要求

运营单位应与对应的建设管理单位建立领导沟通机制,双方主要领导每月至少对接交流1次。

运营单位应明确新线分管领导,向建设管理单位派出现场工作组,并明确现场工作组负责人和组员的分工职责。

建设管理单位应明确现场工作组的管理部门,负责指派新线接入的工作任务,运营单位现场工作组应编制相应工作计划,并予以落实。

2. 新线介入的人员要求

运营单位现场工作组负责人应具备 2 年以上运营相关工作经历,并具有一定组织协调能力。

各单位指派参加专业组的工作人员应相对固定,且应具备 3 年以上专业工作经验。

二、试运行及试运营的设备要求

试运行演练前,必须确保信号系统取得安全证书,其他设备系统已由运营单位接管并确认具备使用条件。

自试运营开始之日起,后期投用的设备系统的调试开通、按计划分期开通的设备系统在线功能升级,在工程完全移交运营单位之前仍由建设管理单位负责项目实施,但系统调试、功能开通必须严格执行相关的运营设备控制管理程序和规定。

在工程质保期内,建设管理单位应组织施工单位或设备供应商对运营单位提出的设施设备缺陷予以逐项整改,并定期组织工程整改消缺例会,通报缺陷整改的进展情况。

三、工程接管要求

建设管理单位在组织专业系统交接时,应安排管理权、实物资产、备品备件、合同和竣工资料等同步交接。

若在试运行演练前专业系统难以完成实物清点、备品备件或资料交接,运营单位应在验证确认专业系统设备功能状态的基础上,先期接管管理权,负责相关设备的日常管理,建设管理单位应按接管单位的管理要求组织设备维护及抢修;其他交接可稍后开展,原则上在试运营开通后 3 个月内全部完成。

关键名称与概念

1. 新线运营介入部门:新线管理部门、人力资源部门、各专业公司。

2. 新线工程接管内容:专业系统的接管、正线行车和施工指挥管理权的接管、停车场行车和施工指挥管理权的接管。

3. 正线行车和施工指挥管理权:是指从首列电客车上正线调试起,在正线线路轨道上行驶任何车辆的指挥权,和进入线路区间施工(含车站内侵入限界或动用行车设备的施工)的管理权。

4. 停车场行车和施工指挥管理权:是指从在首列电客车进入停车场调试起,在停车场内线路轨道上行驶任何车辆的指挥权,和侵入停车场线路施工(含动用行车设备的施工)的管理权。

5. 新线介入的人员要求：运营单位现场工作组负责人应具备 2 年以上运营相关工作经历，并具有一定组织协调能力。各单位指派参加专业组的工作人员应相对固定，且应具备 3 年以上专业工作经验。

6. 新线介入的管理要求：运营单位应与对应的建设管理单位建立领导沟通机制，双方主要领导每月至少对接交流 1 次。运营单位应明确新线分管领导，向建设管理单位派出现场工作组，并明确现场工作组负责人和组员的分工职责。建设管理单位应明确现场工作组的管理部门，负责指派新线接人的工作任务，运营单位现场工作组应编制相应工作计划，并予以落实。

7. 试运行及试运营的设备要求：试运行演练前，必须确保信号系统取得安全证书，其他设备系统已由运营单位接管并确认具备使用条件。自试运营开始之日起，后期投用的设备系统的调试开通、按计划分期开通的设备系统在线功能升级，在工程完全移交运营单位之前仍由建设管理单位负责项目实施，但系统调试、功能开通必须严格执行相关的运营设备控制管理程序和规定。在工程质保期内，建设管理单位应组织施工单位或设备供应商对运营单位提出的设施设备缺陷予以逐项整改，并定期组织工程整改消缺例会，通报缺陷整改的进展情况。

复 习 题

1. 新线介入的管理要求有哪些？（适合【初级工】）
2. 新线介入的人员要求有哪些？（适合【初级工】）
3. 行车作业指挥及管理交接的基本条件有哪些？（适合【高级技师】）
4. 试运营的设备要求有哪些？（适合【中级工】）
5. 正线行车和施工指挥管理权的接管规定有哪些？（适合【技师】）
6. 车辆段行车和施工指挥管理权的接管规定有哪些？（适合【技师】）
7. 车辆段新线管理权交接的基本条件有哪些？（适合【技师】）
8. 控制中心新线管理权交接的基本条件有哪些？（适合【中级工】）
9. 车站新线管理权交接的基本条件有哪些？（适合【技师】）
10. 线路新线管理权交接的基本条件有哪些？（适合【技师】）

第八章　城市轨道交通质量管理及班组管理

通过本章学习,使学员对城市轨道交通质量管理和班组管理有全面认识;使学员了解全面质量管理的内涵和常用管理工具;掌握班组建设的基本内容及班组基础工作的内容,要求对危机管理有一定认识。

第一节　质量管理概述

一、全面质量管理的基本概念

1. 质量的概念

质量是指产品、过程或服务满足规定要求或需要的特征和特性的总和。从定义可知,质量包括狭义和广义两个方面:狭义的质量一般指产品质量;广义的质量,则除了产品质量之外,还包括工作质量和工程质量。产品质量取决于工作质量,它是企业各部门、各环节工作质量的综合反映,而工作质量是产品质量的基础和保证。

(1)产品质量

产品质量是指产品的适用性,即产品适合一定用途,满足社会产品质量特性功能的总和。产品质量特性一般包括五个方面:性能、寿命、可靠性、安全性和经济性。产品质量特性,有的可以直接定量表示,如钢材的化学成分、抗拉强度等。但有的只能定性描述,如外观、色泽等。这就必须用统一的质量标准评价和检验产品。

(2)工作质量

工作质量是指企业为了保证和提高产品质量所进行的生产、技术、组织等各方面的工作水平。工作质量一般包括人的质量意识、业务能力、各项工作标准、工作调度以及人们在贯彻执行这些标准和制度过程中的严密程度等。一般地说,工作质量不易定量,考核较困难,通常的办法是通过产品质量的高低,不合格品数量的多少来间接衡量,如不合格品率、废品率、返修率等都是反映工作质量的指标。

2. 质量管理的概念

质量管理是企业为了保证和提高产品或工作质量所进行的调查、计划、组织、协调、控制、检查、处理及信息反馈等项活动的总称。质量管理的基本任务是:确定合理的质量目标;制定全面的质量计划;建立有效的质量保证体系。对企业来说,质量管理主要包括两方面的内容,即质量保证和质量控制。

（1）质量保证

质量保证就是为使人们确保某产品或服务质量所必需的全部有计划有系统的活动。质量保证是企业对外部而不是对内部使用的，目的在于确保用户和消费者对质量的信任。换句话说，质量保证就是企业对用户在产品质量方面所提供的担保，保证用户购买的产品在寿命周期内质量可靠，使用正常。

（2）质量控制

质量控制是保证某一产品、过程或服务的质量所采取的作业技术和有关活动。也就是指企业为了保证质量而采取的各种技术措施和其他措施，其目的是为用户和消费者提供满意的质量。质量控制是在企业内部进行的，它是质量保证的基础。

3. 质量管理的发展

（1）检验质量管理阶段

20 世纪前，工业产品质量主要取决于操作者的技术水平、经验与自我检验，称之为"操作者质量管理"。20 世纪初，美国工程师泰罗总结研究出科学管理的理论和方法，即"泰罗制"。泰罗的主张之一就是把计划与执行分开管理，把质量检验作为一门独立工作，从加工制造中分离出来，在企业中形成设计、生产、检验三个独立系统。检验人员在厂长领导下专职负责检验产品质量，判明是否符合计划及标准的要求，以保证产品质量。这样质量管理就转化为"检验员的质量管理"。

（2）统计质量管理阶段

为解决检验质量管理阶段存在的问题，休哈特等人利用统计学的理论和方法创造了统计质量管理。这种方法于第二次世界大战中在国防工业部门得到应用。20 世纪50 年代初，在联合国赞助下，经国际统计学会等组织的推动，许多国家都先后在许多行业广泛开展统计质量管理活动。

统计质量管理的主要特点是运用概率论和数理统计方法，对质量数据进行统计分析，找出产品优劣的原因，及时采取措施防止不合格品的产生；运用科学的抽样检验方法，在对产品验收、评价中，降低成本，提高可靠程度。

（3）全面质量管理阶段

二十世纪五六十年代，由于科学技术的迅速发展，新技术、新工艺的采用，用户对产品质量提出了更高的要求，单纯依靠质量检验、统计质量控制，已无法满足客观形势的需要了。在实践中有许多学者对这一方法进行完善，特别是在 1961 年，美国质量管理专家费根堡出版了他的著作《全面质量管理》，提出对质量形成的全过程进行质量管理，执行质量职能是企业全体人员的责任，应使全体人员都有质量意识和承担质量责任，从而将质量管理推进了一个新的阶段。

4. 全面质量管理的基本含义

（1）全面产品质量的管理

全面产品质量特性管理就是对产品的性能、寿命、可靠性、安全性、寿命周期、费用等各个方面的质量特性全部进行管理。

（2）全过程的质量管理

全过程的质量管理指生产经营的全过程，包括设计过程、制造过程、销售和使用过程以及辅助过程的质量全部加以管理。

（3）全员参加的管理

全员参加管理是指整个企业各个部门的全体人员，从企业领导者、各级管理人员，直至生产工人，人人参加质量管理，也就是对产品质量实行群众管理、民主管理。

（4）多种多样的管理

管理方法是多种多样的。全面质量管理是现代化管理方法的一种，是动态的不断发展完善的管理，其管理方法和手段是多种多样的。既可以运用一切现代化的管理方法和手段，又可以不断创新更先进的管理方法。

总之，全面质量管理是一种全面的、全过程的、全员的、管理方法多种多样的现代化管理方法，简称"三全一多样"。

二、全面质量管理的基本原则

企业实行全面质量管理应遵循以下四大基本原则：

1. 为用户服务

它包括为使用者服务，上道工序为下道工序服务，科室为现场服务。轨道运输企业应强调一切工作为旅客服务，为运输服务。各部门都要围绕旅客运输服务，互相配合，共同完成任务。各部门之间经常组织各种形式的"联劳协作"。

2. 防检结合，以防为主

把质量管理工作的重点从事后检查移到事前预防。要在废品产生之前就把质量控制起来，当然事后检查也是必要的，但这种检查不能只限于产品质量，还要把检查工作体现在工作质量与工程质量上。只有控制好工作质量和工程质量，才能使产品质量得到保证。

3. 实事求是，科学分析，用数据说话

数据是客观实际的反映，全面质量管理不仅要有定性分析，而且要有定量分析。要利用各种数据统计的方法，把数据中所包含的内在规律揭示出来，作为提高产品质量的理论依据。要实事求是，反对用假数据说话，否则会导致错误的经营方针。数据真，是质量分析的根本，因而对数据要进行科学的管理，即对数据的记录、收集、归纳、统计、计算、分析、储存、传递与使用的全过程的管理。

4. 全员参加管理

质量管理要人人把关、全员参加，积极开展质量管理活动。

三、全面质量管理的基本工作方法

全面质量管理的基本工作方法是 PDCA 循环。PDCA 循环分别是英语 Play（计划）、Do（执行）、Check（检查）、Action（处理）四个词的字头，PDCA 循环表见表 8-1。

表 8-1　PDCA 循环表

4 个阶段	8 个 步 骤
P（计划）	1. 分析现状，找出质量问题
	2. 分析影响质量的各种因素
	3. 找出其主要因素
	4. 制订措施计划

4 个阶段	8 个 步 骤
D(执行)	5. 执行措施计划
C(检查)	6. 检查执行情况
	7. 总结经验,制定新标准、新工艺、新规则
A(处理)	8. 提出遗留问题,转入下个循环解决

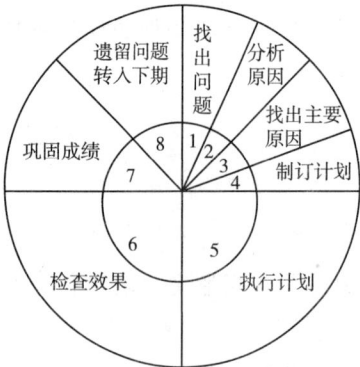

图 8-1　PDCA 循环图

全面质量管理的 PDCA 循环,有以下几个特点:

(1)PDCA 四个阶段彼此不能超越,也不能停留与断缺。每循环一次、完成一个完整的管理过程,应使质量提高一步,每次循环包括 4 个阶段 8 个步骤,如图 8-1 所示。

(2)大环套小环,一环扣一环,小环保大环,推动大循环,如图 8-2 所示。

(3)管理循环每转动一周,其管理水平就应提高一步,都应达到一个新水平,只有这样才能使产品质量逐步提高,最后达到预定的要求,如图 8-3 所示。

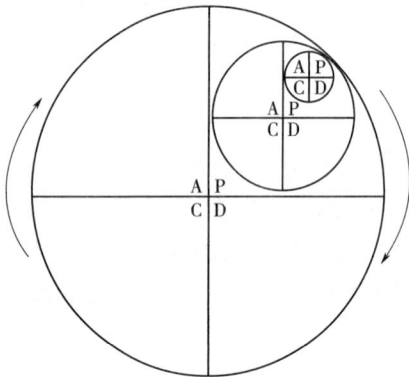

图 8-2　大环套小环

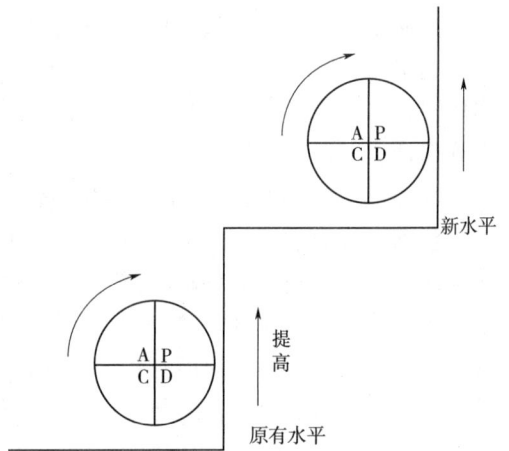

图 8-3　水平提高过程

第二节　质量管理常用的工具

一、排列图

排列图又称主次因素图,它运用意大利著名经济学家巴雷特创造的巴雷特图的分析手法,从各类影响产品质量的因素中,找出主要影响因素的一种有效的统计管理方法,它的用途是寻找影响质量的主要因素。

1. 排列图的绘图方法

(1)收集数据。在一定时间内,把与研究质量问题有关的各项记录数据,进行全面、完整、准确的收集。

(2)数据分类。将收集的数据进行分类,对数据进行整理。

(3)统计与计算。数据整理归类后,绘制一张数据整理表,表内的数据必须按数据值的大小依次排列,并按顺序逐一统计计算各类因素的频率(比重),然后再进一步计算累计频率。巴雷特图的特性曲线原理,是以累计频率曲线划分为 A、B、C 三大区域后,对各影响因素进行主次分析的。

(4)绘画排列图。先绘画出排列图的三个坐标轴,横向的水平坐标轴为质量因素轴,在横向零值位绘画的左方纵坐标轴为频数值坐标轴。右方纵坐标轴为频率轴。其水平质量因素坐标轴的分标格,可由质量因素种类数多少来分,各标格大小没有固定的规定,但在同一张图内规格尺寸相同,否则在进行分析时无法反映"巴雷特曲线"的科学性,如图 8-4 所示。

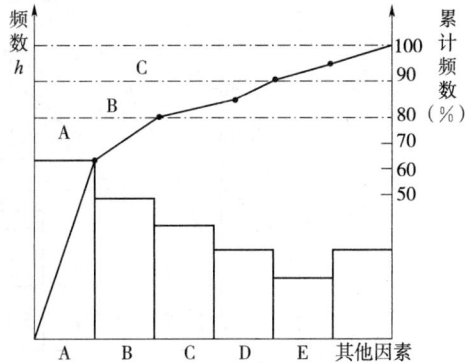
图 8-4 排列图

(5)分析结论。排列图全部绘画完成后,则可进行分析,找出影响产品质量的主要因素。根据"巴雷特图"的原则:凡在 0～80% 特性曲线区段相对应的因素,为主要因素(称为 A 类区域或一类区域);凡在 80%～90% 曲线区段相对应的因素为次要因素(称为 B 类区域或二类区域);凡在 90%～100% 曲线区段相对应的因素为一般因素(称为 C 类区域或三类区域)。则主要因素区域的因素就是要找的影响质量的主要因素。

2. 注意事项

(1)主要因素不宜过多,一般为 1～2 个,最多不能超过 3 个,以集中解决主要影响因素。

(2)如遇因素较多,而其数据值不多的因素,则可合并在最末项目其他因素项内,但合并后的数值不得超过前一项因素的数据值。

例 1,某车站近四年中,共发生不安全事件 82 件,经分析排列,具体数据见表 8-2。试用排列图法进行主次因素分析。

表 8-2　数据整理表

因素序列	事件项目	频数	频率(%)	累计频率(%)
1	撞车	41	50	50
2	提错钩	18	22	72
3	拿错车	15	19.5	91.5
4	放错道	6	7	98.5
5	其他	2	1.5	100
合　计		82	100	—

按前面介绍的方法画出排列图(图 8-5),进行分析。0～80% 相对应的因素为主要因素,本例为撞车和提错钩。只要解决了这两个问题,就可大大减少不安全事件;80%～90% 相对应的部分因素有拿错车;90%～100% 相对应的因素有放错道与其他,为一般因素。

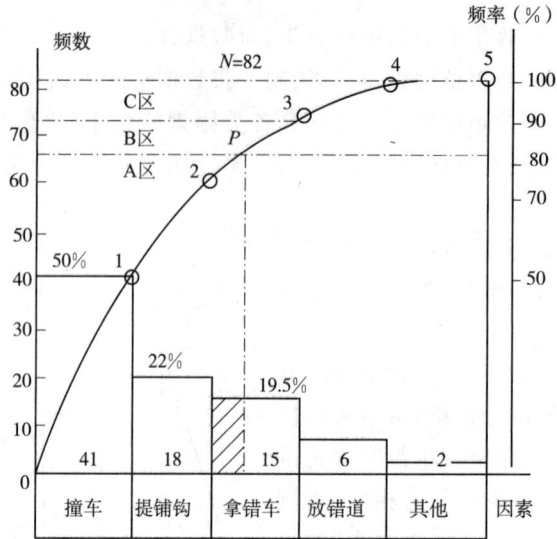

图 8-5　排列图

二、分层图

分层图又称再次排列图,是采用对数据进行分层的手法,对影响质量的因素从不同的层次进行分解。它可以对影响产品质量的因素先进行分层,然后再用排列图法查找主要影响因素;也可以在排列图法找出主要因素后,对主要因素再进行分层。所以,它往往与排列图法结合起来使用。尤其是当运用排列图的方法找出影响产品质量的主要因素后,再运用分层图的方法进行深一层次的分析,可以使影响因素的确认更为详尽和明确,而且便于制定相应措施来控制影响质量的因素,提高产品的质量,从而补充排列图的不足。

分层图往往从时间、地点、材料、工龄、技术等级、文化程度、气候等方面来着手进行分层。例如,在上述例子中,撞车事件是影响安全的主要因素,但对其发生的季节、班组、作业人员及主要发生在哪些股道,仍无法弄清楚,给制定具体措施造成困难,因此,有必要分层做进一步的分析。下面将撞车事件按发生季节不同划出分层图进行分析。

根据表 8-2 撞车的数据,再按表 8-3 进行整理,画出分层图进行分析,由图 8-6 可知,撞车事件易发生在春季,其次是夏季。

表 8-3　分层图数据整理表

因素序列	时间	频数	频率(%)	累计频率(%)
1	春季	29	70	70
2	夏季	9	22	92
3	秋季	2	5	97
4	冬季	1	3	100
合　计		41	100	—

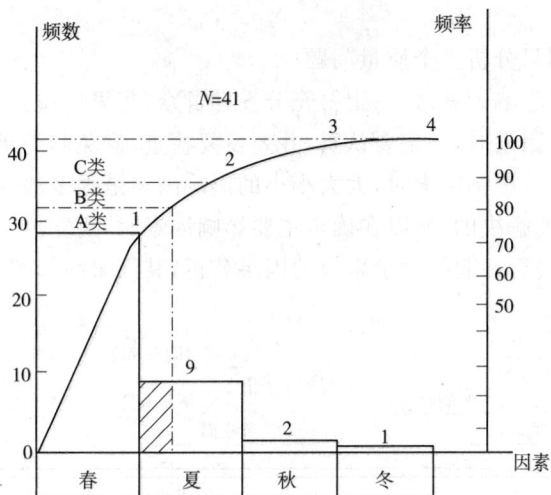

图 8-6　分层图

三、因果图

因果图又称鱼刺图或树枝图（图 8-7）。它是一种从影响质量的诸多因素中，寻找主要因素的一种简便而又有效的方法。影响质量的因素很多，但归纳起来总不外乎人、机（器）、料（材料）、法（方法）、环（境）五大因素。因此，我们分析质量因素往往从这五个方面入手。

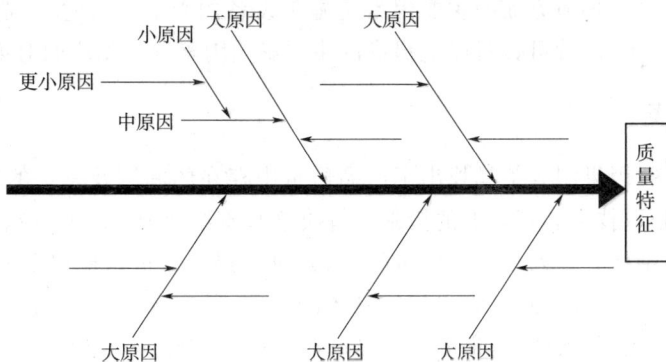

图 8-7　因果图

因果图是将影响因素分类在图上用箭线表示出来，并系统地进行分析，找出影响因素中的主要因素。

1. 绘图步骤

（1）确定要分析的问题，并对其形成问题的各类因素进行全面收集、归类与整理。

（2）用箭条线绘画一图形，展示各影响产品质量的因素。在绘图时，先画一条水平箭条线（由左向右的粗线），并指向要分析的问题（结果）。把问题（结果）用框架线框起来，再把存在的分类影响因素，合理地、均衡地用箭线分布在水平粗条线的上下两侧。并根据因素的内在逻辑关系逐步层层查找原因进行展开。

（3）对各层次影响因素，由有关人员反复进行研究与讨论，用表决法排列图法确定其主要的影响因素。对确定后的主要因素在图上用不同标记表示出来。

2. 注意事项

(1)一个因果图只分析一个质量问题。

(2)在研究分析影响因素时,一定要充分发动群众,集思广益。

(3)在归纳各类因素时,一定要认真,并要反复检查,避免归纳错误。

(4)用因果图分析影响因素时,大大小小的影响因素是很多的,有一些因素往往是本部门或本单位不能解决的,所以在确定主要影响因素时,要立足于本单位和本部门。

例如某编组站进行一起挤岔子事故的因果分析,其因果图如图 8-8 所示。

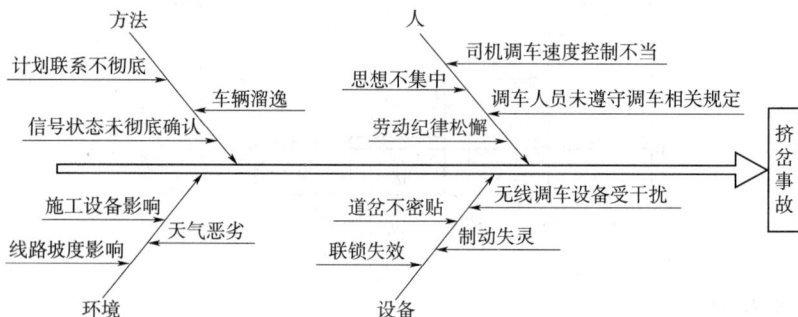

图 8-8　因果分析图

该因果图中,收集的因素有 14 项,可归纳为人的因素 4 项;方法的因素为 3 项;设备的因素 4 项;环境的因素 3 项。经反复分析确认,其中人的因素以劳动纪律松懈为主要因素;方法方面以计划联系不彻底为主要因素;设备方面以联动道岔开通位置不易确认为主要因素;环境方面的主要因素是施工设备的影响。为此,为避免以后不再发生类似挤岔子事故,就可针对以上提供的主要影响因素制订相应的对策措施。

四、对策表

通过排列图、因果图等工具找出了产品质量中存在的问题及发生的原因后,下一步工作就应该采取技术和管理上的措施来解决这些质量问题。为此,应该制定一种对策表,在表中详细地一一列出主要质量问题,并对其提出改进措施以及实施措施的负责人等项目。对策表的格式并无严格的具体的规定,见表 8-4。对策表常常是与分析质量因素的排列图、分层图、因果图等工具同时并用的,彼此相辅相成。

表 8-4　对 策 表 实 例

质量问题	标准要求	对　策	负责人	完成日期	检查方式
撞车	要求连挂速度在 1～5 km/h	1. 加强基本功练习	车间主任	半年内	业务考试 基本功测试 业务员日常检查
		2. 加强技术业务教育	教育室、技术室		
		3. 组织各种表演赛	车间、技术室		
		4. 交流经验	车间、技术室		
		5. 建立基本功演练场地	业务指导员		
		6. 组织互帮互学结对飞	车间工会		

第三节　班组与班组建设

　　班组是企业生产经营活动的最基层组织,是企业各项工作的落脚点,抓好班组建设,对于全面完成企业的生产任务,确保运输生产安全,提高经济效益,都具有十分重要的意义。

　　班组建设和班组工作,是企业保证安全运输和优质服务,不断提高经济效益的重要基础工作,是运输企业内涵式扩大再生产和全面提高企业自身素质的重要途径。运输企业班组管理水平的高低,直接影响到运输安全和社会服务。抓好运输企业的班组建设和班组管理工作,就抓住了运输安全的根本。

一、班组的含义

1. 班组的定义

　　一般认为班组是企业从事生产经营活动和管理工作最基层的行政组织。它是根据企业内部劳动分工与协作的需要,按照工艺要求或不同劳动而划分的基本作业单位。班组在车间领导下,肩负企业生产的特定任务。班组按其生产、作业性质和业务范围一般分为:基本生产班组、辅助生产班组、职能班组和服务班组。

2. 细胞体班组

　　细胞体班组是指承担组织基层、管理基础、能力基核、文化基因、形象基点的"五基"功能,具备共同目标、一致标准和互补技能三项条件以及自我学习、自我组织和自我创新三大特征的基层作业单元。

　　(1)"五基"功能

　　①组织基层。班组是构成企业的基层组织单元。

　　②管理基础。班组作为基层组织,是管理的基础点。

　　③能力基核。班组成员具备的能力构成了公司人员应具备的核心能力。

　　④文化基因。班组文化呈现出企业文化最基本的构成项。

　　⑤形象基点。班组是企业与外部接触的主要点,代表企业形象。

　　(2)三项基础

　　①共同目标:有认识一致、共同利益的工作目标。

　　②标准一致:有成熟、标准、系统化的细胞运行规则和流程。

　　③互补互进:各具专长,形成互补,并通过知识学习不断提升班组细胞活力。

　　(3)三项特征

　　①自我学习:通过成员不断学习提升班组整体水平能力。

　　②自我组织:充分调动和利用班组自身资源,达成既定目标。

　　③自我创新:不断积累和主动改善,提升班组的工作效率和质量。

3. 班组的主要职责

　　(1)根据车间下达的任务,具体安排生产作业进度,保证按质、按量、按期完成本班组生产或作业任务。

（2）合理调整劳动组织，认真贯彻执行各项规章制度，维护劳动纪律、作业纪律和职业道德，保证安全生产。

（3）积极开展劳动竞赛和合理化建议活动，努力提高劳动生产率。

（4）开展班组经济核算，注意保管与合理使用班组内的设备、工具和材料配件等，不断降低作业、产品成本，努力提高班组的经济效益。

（5）准确及时地做好各项原始记录，及时为上级职能部门提供准确、完整的资料和数据，做好职工的思想教育工作。

二、班组的性质与特点

1. 班组的性质

（1）班组是企业分层管理中最基层的一级行政组织，是企业从事生产、工作和经营管理等活动的基本单位，是企业整个生产流程中不可缺少的环节，是企业组织机构的基石。

（2）班组是企业的细胞，是增强企业活力的源泉，是企业一切工作的落脚点和出发点。

（3）班组是企业完成生产（作业）任务的立足点，起保证作用；是企业提高经济效益的"起跑线"，起开发作用；是企业实行民主管理的"出发点"，起支撑作用；是企业培育"四有"人才的"起燃点"，起"熔炉"作用。

（4）班组具有"小"、"全"、"实"、"细"的特点。班组的面貌在一定程度上反映企业面貌，是企业的缩影。"小"是班组结构的特点，"全"是班组任务的特点，"实"是班组管理的特点，"细"是班组工作的特点。

2. 运输企业班组的特点

运输企业班组是在运输生产分工的基础上，把生产过程中相互协作的有关工人组织在一起，从事生产作业的最基本的一级生产作业组织，它包括一定的设备、场所和作业工具；班组是一级生产劳动管理组织，它除了完成具体的生产作业任务之外，还兼有一定管理职能，对物的管理和对人的管理，是班组管理的两大因素。

"班组"这个名称是人们习惯的称呼，严格地讲，"班"是指生产班次，也就是常见的早、中、夜班和日班，或甲、乙、丙班等，"组"是生产小组。但在实际生产中，往往是一个班次中包括若干小组，一个小组的工人分几个班次。这种"班中有组，组中有班"的现象，是从生产实际需要出发的，人们就把这种最基本的生产组织形式称为"班组"。

3. 班组的划分

班组按照生产活动的客观要求而定，总的原则是：便于生产、便于协调、便于管理。例如运输企业班组一般可按表8-5中的项目进行划分。

表8-5　运输企业班组的一般划分

项目	内容	举例
按工种分	把同工种的工人组成班组	调车组、电工组
按产品分	把从事同一产品生产的工人细成班组	继电组、检票组
按班次分	把不同工种的工人按班次组成班组	京沪一队、夜班
按管理分	把同工程或同工艺的工人组成班组	维修组、装卸组
按职能分	把负责特殊工作的工人组成班组	质量检验组

三、班组的任务和功能

1. 运输企业班组的主要任务

(1)确保安全生产。安全、质量良好地完成生产作业是班组的首要任务,企业因运输生产的需要而设立班组,所以班组必须首先保证运输生产的安全,努力达到数量与质量要求。

(2)班组要以遵章守纪、标准作业为重点;以提高企业素质、高质低耗、增加经济效益为中心;以民主管理为主要方法,实行班组长统一指挥。

(3)认真负责、严格管理是完成运输生产任务的保证。班组管理是企业管理的基础,是管理过程中重要而基本的一环,班组管理搞得好,企业的各项管理才能落实。

(4)人才培养是新形势对班组提出的新任务和新要求。班组工作要立足于现实,面向生产,面向管理,展望未来,积极培养各类管理人才。

(5)开展思想疏导工作,努力提高班组成员思想素质。及时掌握班组组员思想动态,了解组员情绪,运用谈话、家访、班组学习等形式,解决思想问题。

(6)增强职工主人翁责任感,提高当家做主、当家理财、参加民主管理的自觉性,引导职工关心企业的发展和经济效益。

2. 班组的功能

班组作为企业的基本要素,其功能主要表现为转换功能,即把输入信息转换成产品或效果输出,也叫班组的职能(图8-9)。

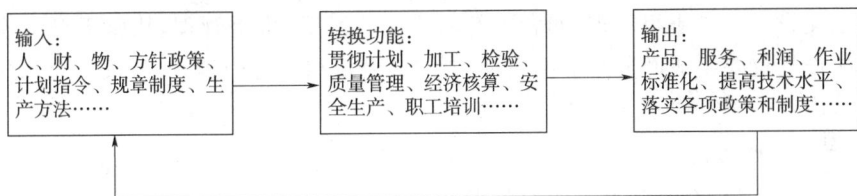

图 8-9　班组功能转换

四、班组建设的概念

1. 什么是班组建设

班组建设是企业通过一定的组织方式和活动形式,依靠班组的自身努力,全面提高其政治、文化、业务、技术素质,以加强企业基础,增强活力的一项基础性建设,搞好班组建设,是企业综合性的基础建设,是企业党政工团各部门的共同任务和共同职责。班组建设,主要包括组织建设、业务建设和思想建设三个方面,也可以简单地概括以下工作:

(1)一个核心:选配和调整好班组长,正确引导选举好工会小组长(具备党团小组条件的,还要选举好党、团小组长),充实健全班组的核心成员,这是组织建设方面的主要内容。

(2)一个重点:抓好遵章守纪和标准作业。把劳动纪律、作业纪律落实到标准化作业上,这是业务建设的重点。

(3)三项工作:①结合班组实行整章建制,建立健全以切实可行的岗位经济责任制为核心的各项管理制度。②搞好班组长和班组核心成员的岗位职务培训,提高班组核心成员的管理水平。③加强班组思想政治工作,开展日常活动,搞好民主管理以及精神文明建设。

2. 班组建设的内容

(1)思想建设。树立良好班风,搞好精神文明建设,对职工进行政策教育,职业道德教育,爱国主义教育,法制教育及职工守则教育。

(2)组织建设。理顺班细管理体制,建立民主管理机构(如工班长、工会小组长、考核员等)的设置及责任分工;建立各项管理制度(如岗位工作标准、经济责任制、民主管理制度等)。

(3)业务建设。包括各专业管理和群众管理,专业管理有生产、质量、安全、劳动、设备备品、核算、现场等方面,群众管理主要包括社会主义劳动竞赛、合理化建议、技术革新、技术比赛、业务培训和文体生活。

五、班组管理及其意义

1. 什么是班组管理

"管理就是创造和保持一种环境,使置身于其中的人们能在集体中一道工作,以完成预定的使命和目标"。这是英国当代管理学家孔茨的观点,也是迄今为止最受人们推崇的关于管理的定义。这里的环境泛指人们共同工作的条件和范围,管理并不是直接去改变物质的状态与性质,而仅仅在于创造和保持一种工作环境,让广大职工在这种环境里,把各自工作做好。要让全体职工都能够情绪高昂,相互关系融洽,可以各尽所长,各显其能,卓有成效地实现组织的目标。

班组建设不同于班组管理,两者既有联系又有区别,班组管理,从属于班组建设,是班组建设的重要组成部分。班组建设,既包含着班组管理内容,又涉及工会、党团小组建设等内容。

2. 班组管理的意义

(1)班组管理是企业管理工作的落脚点。

从组织系统看,企业要实现生产经营目标,就要建立合理的生产技术组织。通过行政手段去组织、指挥、控制、协调。班组是企业组织结构的基础,又是企业生产活动中不可缺少的环节。无论企业采用几级管理,而这一级是不可缺少的。从生产力来看,企业要搞好生产、创造最佳的经济效益,就必须使劳动者、劳动手段、劳动对象这三要素得到合理的组织和科学结合,而生产班组正是这样的结合体。因此,班组管理是企业管理工作的落脚点。

(2)班组管理是企业管理的基础。

班组是企业生产和工作任务的最终承担者,企业各方面的管理工作部要在班组得到落实。企业的各项技术标准、作业标准、工艺规程和规章制度等各项基础工作都要在班组贯彻。企业的原始记录、统计台账都要在班组及时、准确、全面记载。企业各项管理的具体要求都要在班组实施。企业管理上存在的问题与强弱环节最容易在班组反映出来。班组的各项工作做得怎样,直接反映出企业经营管理的水平。所以,加强班组管理,搞好班组管理是企业管理的重要基础。

(3)班组是培养职工技术业务素质的大课堂。

班组要组织职工学文化、学技术、学业务、开展技术练兵活动,不断提高职工的技术业务素质,使职工熟练地掌握本岗位的应知应会,并组织职工开展革新挖潜,提合理化建议,参加科技竞赛活动,帮助职工走"岗位成才"的道路。因此,班组是提高职工技术业务素质的大课堂。

(4)班组是社会主义精神文明建设的阵地。

班组不但创造物质财富,而且也创造精神财富。不但出产品,而且还出各种专门人才。在生产战线上涌现出来的大批先进、模范人物都是在班组里锤炼成长的。班组职工在改造客观世界的生产实践中,接受思想政治教育,不断提高觉悟,树立远大理想,发扬社会主义道德风尚,增强主人翁责任感,加强纪律性。因此,班组是建设一支有理想、有道德、有文化、有纪律的职工队伍的前沿阵地。班组的精神文明建设搞好了,企业的精神文明建设也就落到了实处。

六、班组管理的特性

1. 民主性

班组管理主要依靠群众的民主管理。班组的成员都是生产者,都有自己的生产作业任务。班组管理的职责又由全体成员共同承担,因此,班组的管理主要是工人群众对自己的管理,是职工群众集体的管理,即自我管理、自觉管理。所以,班组管理必须充分发扬民主,充分调动每个工人的积极性,自己约束自己、管理自己,使广大职工自觉地完成班组所承担的生产任务和管理任务。民主性包括政治民主、经济民主、技术民主、生活民主。

2. 系统性

企业的任务以方针目标及目标值的形式,按管理系统层层分解展开,从上到下层层包干负责,最后终点是落实到各班组和每个职工。企业管理工作、生产工作在进行过程中,终点和起点都是在班组。因此,每个职工应牢固地树立系统的观点、全局观念,立足于搞好班组管理,落实各项制度和作业标准,完成班组任务,为企业全面完成任务提供可靠的保证。

3. 独立性

运输生产的现场特点是:点多、线长、工种繁多、指挥复杂。这些班组实际上是在远离指挥中心的条件下,相对独立地按各自作业分工进行生产活动,这就要求班组管理具有相对的独立性。

4. 统一性

运输企业是由机、工、电、辆、客运等部门单位和工种组成的高度统一的大联动机,需要各部门单位和工种之间保持直接、及时、密切的联系,共同努力完成运输对象在时空中的位移。所以,各个班组必须是在统一调度,统一指挥下进行生产活动。

5. 集合性

企业的生产任务及各项管理制度,都要在班组落实。班组不但要通过抓好各项基础管理来保证生产任务的完成,还要抓好职工的技术业务培训,思想政治教育,还要搞好职工生活,文体活动。因此,要把班组建设成为标准作业落实,安全生产稳固,职工团结进步,作业环境和谐,生活富裕安定的集体,班组管理必然具有各种管理活动的集合性。

6. 社会性

社会上的总体发展及社会综合问题,都会直接反映到企业生产班组。作为基层单位领导对此应有足够的思想认识,这些东西能够给班组的思想工作带来很大的波动。既有有利的方面,又有消极的方面。班组不是真空,既是企业细胞,又是社会的一分子。

七、班组管理的基本内容

班组对企业各项专业管理起着吸收、消化、做劝和反馈的作用,是各项专业管理形成闭环的重要环节。因此,班组管理的基本内容也就大体与企业的计划管理、生产管理、技术管理、质量管理、设备管理、物资管理、劳动管理、财务管理(包括成本管理)等八大管理的基本内容相对应(表8-6)。在具体的管理工作上,班组虽然具有管理内容广泛的特点,但每项管理内容涉及的具体工作却比较简单,管理与作业实践结合的十分紧密。

表 8-6　班组管理内容与企业管理基本内容对应表

	企业管理	班组管理
计划管理	生产经营方针、目标,生产、技术、财务计划,季、月、旬生产作业计划	班组目标、年度计划、生产作业计划
生产管理	计划进的平衡控制、生产组织、协作与调试,统计、生产分析、能力分析	生产作业组织、控制生产过程的原始记录
技术管理	技术组织措施、标准化生产工艺,技术装备、革新	技术、标准的实施、工艺装备的改革
质量管理	质量的计划、管理、分析,产品质量的检验控制	作业过程的质量控制与检验,QC 小组质量攻关
设备管理	选购、验收、使用、维修管理	正确使用、精心保养、参加检修
物资管理	计划、采购、保管、发放、储备和消耗定额的制定	控定额信用、保养、合理消耗、修旧利废
劳动管理	编制定员、工资计划、招工、调配定额、劳动保护、劳动竞赛	考勤、出工、停工记录、定额的实施与记录、分工协作与竞赛考核
财务管理	固定资金、流动资金、专用资金管理,编制财务计划,成本计划、成本核算与控制	能源、配件、原材料、费用、消耗控制与经济核算

第四节　班　组　长

一、班组长的作用和地位

班组长是组织领导班组日常生产活动的行政负责人,是企业管理人才的后备队。班组长直接参加生产与管理,业务上对车间负责。企业的各项工作要落实到班组,班组长必须明确职责,掌握工作要点。班组长既是生产作业者,又是生产指挥者。班组工作好与差,班组长是关键。班组长处于"兵头将尾"地位,对班组管理起着主导作用。

班组管理的关键,是选拔、培养、配备好班组长,最大限度地发挥班组长的作用。因此,加强对班组长的管理是当前班组建设工作的一项重要任务。

二、班组长的基本素质和条件

(1)有一定的思想觉悟,事业心强。能坚持原则,敢于管理,作风民主,办事公道。

(2)具备一定的生产实践经验,熟悉安全生产操作规程,能及时处理生产中的技术业务问题。技术复杂工种的班组长,还应有与工作相适应的学历或技术职称。

(3)有一定的管理知识和组织领导能力,能带领班组人员完成各项生产、工作任务。

(4)团结同志,以身作则,能起模范带头作用,在群众中有威信。

(5)年富力强,身体健康,具有初中或高中以上文化程度。

三、班组长的职责与权力

1. 班组长具体职责

(1)领导班组人员按定额进行生产活动,质量良好地完成各项生产作业任务,不断提高劳动效率和经济效益。

(2)组织班组人员严格执行各项规章制度,落实岗位责任制和经济责任制。遵守劳动纪律和作业规程,实现安全、文明生产。

(3)实行民主管理,充分发挥班组长的作用,组织班组人员开展社会主义劳动竞赛和合理化建议活动,并推广先进工作方法与经验。

(4)抓好班组管理的基础工作,健全并积累各项基础资料,主持召开班组的生产、安全和交接班会议。

(5)做好班组人员的思想政治工作,组织开展班组人员的政治、文化、技术、业务学习,关心班组人员的生活。

2. 班组长的权力

(1)指挥本班组安全生产活动,根据生产安全的需要,可在生产过程中合理分配、调整组员的工作任务。

(2)按照内部经济责任制,按贡献大小分配班组成员奖金。

(3)对违章违纪,违反安全生产操作规程不按标准化作业的行为要及时加以制止。必要时可令其停工或返工,对屡教不改者,除进行经济处罚外,还可向上级领导建议给了处分。

(4)对班组成员的评先、奖惩、提职、晋级、福利以及学习深造等方面可提出意见和建议。

(5)对上级领导或工作人员违章指挥,可提出意见或超级反映。

(6)维护本班组职工的合法权益。

四、班组长的产生

班组长的任用应根据编制定员及必须具备的条件,由车间主任提名,通过民主选举、竞争产生,经单位行政领导批准,以人事命令的形式公布执行,同时享受班组长待遇。

要保持班组长的相对稳定,不要随意抽调更换从事其他工作。如遇特殊情况临时抽调更换时,应经劳动工资部门和车间主任同意,并指定专人代理。

五、如何当好班组长

目前现场班组管理工作中,凡是班组长的人际关系处理好的,工作就比较顺利,否则工作就被动,局面打不开。作为一个班组的直接领导,要想在企业班组内部建立起一个良好的人际环境,必须注意防止各种心理上的疾病,克服一些自身的缺点和不足。这对于提高班组长的领导素质,适应现代社会的需要,有效协调班组人际关系,无疑是不可忽视的一个重要方面。

(1)防止尊严过分。作为一个班组长要有自己的尊严,但切记不可过分。任何事物都有个限度,超过了"度",就会走向反面。

(2)避免嫉贤妒能。有些班组长,胸怀偏狭,心存疑虑,生怕下属在某些方面超过自己,一看别人在某方面胜过自己,就闷闷不乐,焦虑不安,甚至有意贬低对方。

(3)坚决反对打击报复。在一个班组里工作、学习,意见分歧,态度不和,对工作有不同看法意见是常见的。切忌利用工作之便,给人"小鞋"穿,导致关系对立,破坏正常工作秩序。

(4)注意不能感情冲动。冷静克制,讲究方法,是工班长应具备的基本素质。班组工作内容繁杂,要与人打交道,难免上火。切记感情冲动,简单粗暴。

(5)切莫贪求私利。不以职谋私,这既是班组长的职业道德要求和行为规范,也是处理好班组内部组员关系的首要准则。

(6)反对华而不实。说大话空话,自吹自擂,到处炫耀自己;虚荣心强,自以为是,做对了沾沾自喜,做错了不愿承认,强词夺理,自我解脱;无原则地迁就职工的缺点和失误,在大是大非面前搞让步,放弃原则,要求不严,过分温情,以此来换取大家对他的"好感"。

(7)反对"看人下菜"。人际交往,在很大程度上是一种平衡艺术。保持平衡,关系就和谐融洽,失去平衡,就会发生矛盾冲突。要善于调动各方面的积极性,创造和睦的劳动集体。

(8)不能轻信闲话。班组长千万不能仅凭听到的东西去评价某人某事,戴着有色眼镜去辨是非,造成错觉、引起误会,妨碍班组人际关系的协调。

第五节 班组基础工作

一、概　　述

班组基础工作是企业管理的基本组成部分,它是在组织社会化大生产,进行科学管理的实践中产生和发展起来的,又是随着企业走向市场经济的发展而不断发展的。班组基础工作主要指班组在生产管理过程中,为企业的各项专业管理准确、完整地提供资料数据与信息,又为班组建立正常生产、工作秩序和加强自身管理提供必不可少的准则、依据。

1. 班组基础工作的特点

(1)先行性。必须先做好标准、计量、价格、定额等生产技术准备工作,才能组织班组生产。因此,它具有先行的特点。

(2)监控性。班组基础工作是班组生产活动的依据和准则,通过技术和管理信息的反馈,起到监督控制班组生产活动的作用。

(3)群众性。班组基础工作面广、量大,必须依靠班组成员持之以恒的共同努力,使之成为每个职工的自觉行动。

(4)动态性。随着改革开放的不断深入发展和生产技术条件的变化,班组基础工作的内容和方法也要不断地改进和完善,以便提高整个企业的基础工作水平。

(5)科学性。班组基础工作,是为适应组织社会化大生产,对班组的生产活动进行科学管理的客观需要而建立的,它体现了生产经营活动符合生产力发展的规律。

2. 班组基础工作的重要性

(1)为实现企业管理的各项职能提供原始数据、资料、信息和决策依据。实现企业管理的各项职能的过程,就是对企业的生产经营活动进行决策、计划、组织、指挥等工作的过程。

(2)为建立正常的生产秩序,有效地组织生产经营活动,提供必要的组织手段和控制工具。要建立正常的生产秩序,有效地组织生产经营活动,就需要有一套组织手段和控制工具。

(3)是提高企业素质的重要保证。班组的素质是企业素质的缩影,所以加强班组基础工作可以提高班组的、企业的整体素质。

(4)为贯彻按劳分配,提供计算、考核的依据,为解放生产力创造条件。贯彻按劳分配原则,需要对职工的劳动数量和质量进行计算和考核,有效地调动广大职工生产自觉性和积极性。

(5)是实现管理科学化和现代化的有效途径,促进企业在市场经济中生存和发展。在企业逐步推向市场的过程中、不加强班组的基础工作就无法使企业在经营管理过程中有效地运转。

二、定额工作

班组定额工作是一项极其复杂细致的基础工作,它具有事先的确定性,内容上的广泛性和技术上的复杂性等特点。事先的确定性,即要求班组在组织生产前,对人、财、物等方面应该确定各种标准;内容上的广泛性,即涉及管理的各个领域;技术上的复杂性,即根据产品工艺的特点、技术要求、组织管理水平等条件规定单位时间的生产合格品的数量,规定单位产品的原材料和能源消耗量,以及相应所需的资金占用额等。

由于具有上述特点,定额工作的基本要求是:凡一切可以计算和考核的人力、物力、财力方面的使用情况,都要制定明确具体而又切实可行的定额,使各项专业管理工作有章可循。同时还要坚持定额的科学性和先进性,要随着科技的进步、工艺的改革,随时修订定额。在班组内,主要开展的是劳动定额与物资消耗定额。

1. 劳动定额

劳动定额是指完成单位产品或工作所规定的必要时间消耗量。在计划生产能力、编制计划和确定定员的工作中,组织劳动竞赛和按劳分配工作中都要使用定额。在发挥劳动定额的作用时,第一,领导重视,各方配合;第二,劳动报酬挂钩考核;第三,建立定额管理机构。从定额工作本身来说,要研究定额的应用范围、定额项目的安排、劳动耗费与劳动产品的一致性等方面的内容,使定额管理工作不断完善。

(1)工时的分类

劳动定额是规定工人在作业过程中的时间消耗量,为了提高劳动生产率,生产时间越多越好,非生产时间越短越好。但是在制定劳动定额时,并不是全部非生产时间都要剔除,有些不可避免的中断以及工人休息、饮食等生理需要的时间,在定额中要考虑进去。工作时间是指工人每个劳动日(或整个工作过程)的延续时间,包括生产时间与非生产时间。

①生产时间是指工人执行生产任务所用的时间,包括完成各项作业,进行必要的准备与约束工作的时间。

作业时间是生产时间的基本部分,指直接用于完成任务、实现工艺过程所消耗的时间,有时也称为纯工作时间,这部分时间决定效率及定额水平。作业时间又可分为基本作业时间与辅助作业时间。基本作业时间是指工人使用生产工具使劳动对象发生变化所用的时间,辅助作业时间是为保证完成基本作业所需要的附加时间,它不能使工作物发生变化。常规工作日中,接受任务、分派工作、发领工具、小结交班等统称为工作日的准备与结束时间。

②非生产时间是指由于各种原因发生的中断和非常规生产工作时间。发生中断一部分是由于工艺技术上的原因,如线路作业中等待列车通过;还有一部分是出于工人休息、饮食等生理需要。这些中断是允许的,故又称为合法中断或者法定中断。另一部分中断是由于生产组织不周密、工具材料备品供应不及时等;或者由于违反劳动纪律而发生中断,这些在定额中不应包括,通常称为不允许的或不合法的中断。

还有一部分非常规工作时间,这部分时间是指劳动者在工作时间内做不必要的或与本身职务无关的工作。这部分时间消耗的形成有两种可能,第一种是工人自己直接原因造成的,如返工或者经验不足造成多余的动作,另一种不是工人直接原因,如技工对体力劳动程度大的工种的临时替代或者工作时间开会等。

(2)劳动定额的种类与制定方法

劳动定额有两种:一是产量定额。另一是工时定额。产量定额规定每个人或作业小组在单位时间内,所生产合格品或完成工作的数量。工时定额表示生产单位产品或完成单位工作,所消耗的劳动时间。产量定额和工时定额成反比,产量定额越高,工时定额则越低。

工时定额可以用 s、min、h 为单位,产量定额可以用件、t、辆、t·km 等为单位。在运输工作中,工时定额用的较多,在组织生产过程中,不容易固定产量。制定劳动定额的方法主要有三种,即技术查定法、统计分析法和经验估计法。

(3)班组劳动定额工作的主要内容

①配合上级做好本班组定额的制定、修改和讨论,使劳动定额保持先进合理的水平。

②正确贯彻执行定额,正确填写原始记录,做到全面准确、及时。

③搞好本班组劳动定额完成情况的考核。

④按劳动定额组织班组劳动竞赛,贯彻按劳分配原则。

班组劳动定额的管理,应选出工作认真负责,有一定文化的工人担任兼职定额管理员,协助班组长搞好班组劳动定额管理工作。

2. 物资消耗定额

所谓物资消耗定额,是指单位产品(或工作量)所消耗的物资数量标准,这个数量应是最低的,又是足够的。物资消耗定额一般分为工艺定额和供应定额两种,在班组一般采用供应定额。在制定定额时又可分为单项定额与综合定额两种。

物资消耗定额的制定方法一般有三种:

(1)技术计算法。即根据生产工艺过程通过计算加以确定。这个方法主要适用于工艺定额和单项定额,特别是制造任务、基建任务的工艺定额和单项定额。

(2)统计分析法。主要是根据过去的消耗统计资料,经过分析加以确定。这一方法主要适用于供应定额,综合定额和维修任务的定额,另外也可以用抽样调查加以确定。

(3)试验测定法。即通过实验室的试验或生产中实际测定,加以确定。这一方法主要适用于容易用技术计算法确定的工艺定额和单项定额。

由于物资消耗定额不单是工艺技术要求生产部门管理,还有一部分供应定额属于物资供应部门管理,所以二者应密切配合,共同搞好物资消耗定额的制定和考核工作。

三、标准化工作

标准化工作包括:制定标准,贯彻和执行标准,对标准的实施进行监督管理这三项基本任务。标准化工作是班组基础工作的重要组成部分,是企业实现科学管理的基础。搞好标准化工作,对保证运输安全,提高工作质量、运输质量、服务质量、产品质量、降低消耗和提高经济效益,具有重要作用。

1. 标准的分类

(1)技术标准。技术标准主要是对生产对象、生产条件、生产方法等方面所作的统一技术规定。它包括各种产品标准,各种技术作业程序和方法标准、工艺标准、设备操作和检修标准以及基础标准和劳保、环境、安全、卫生标准等。

(2)管理标准。管理标准是对企业里大量重复出现的管理业务工作的职责、程序、方法等方面所做的统一规定,包括各项管理工作的职责条例、业务守则、工作制度,还包括行之有效的管理内容、管理流程、管理办法等。

(3)工作标准。工作标准是按部门或岗位对各类人员的工作任务、工作内容、工作程序和所要达到的质量要求,具体考核的条件等,运用标准化的原理制定的标准。

运输事故绝大多数是违反规章制度造成的。很多事实说明,只要在运输生产过程中,搞好标准作业,严格执行各项规章制度,安全生产就会出现好局面。

2. 标准的实施

贯彻执行标准是标准化工作的关键环节,是基层班组的首要任务。运输生产过程出现的质量事故,是属于偶然的,但偶然的背后总是带有一定的必然性。除少部分因材质问题而外,90％以上的事故分析,均是属于违章违纪,不按标准作业。所以,通过学习标准,对照标准检查和达到标准要求的水平,是保证安全生产的有效手段,班组必须抓好学标、对标、达标活动的开展。

(1)学标。这是实施标准的基础。通过对标准的学习,明确作业技术要求和具体的措施方法,在标准实施前做到使每个人心中有数。做好事前的准备,首先弄清楚作业性质特点及规定的工艺操作依据。目前,各单位普遍采用"班前一道题"、"技术抢答题"等活动来丰富学标的内容,是比较容易被群众所接受,容易收到效果的活动,学习方式简便,有利于熟记掌握。

(2)对标。这是检查考核学标的重要手段,通过对标,检查考核学标的结果,便于上级领导掌握作业人员的技术素质和业务能力,督促学标活动开展,促进职工学标的自觉性。只有熟练掌握标准,才能认真做到达标。这项活动的开展,关键要防止"走过场"现象,应有对标活动具体的考核管理办法。

(3)达标。达标是开展标准化工作的最终目的,也是学标、对标的目的。达标对于一小部分习惯于简化标准作业的人来讲的确是件不易办到的事情,也正是这些人简化作业标准降低质量,给全系统有机整体的安全运行造成梗阻或出现漏洞。所以要求人人达标,使标准化工作实施落到实处。对于在开展达标活动中做出卓越贡献的人要大张旗鼓地表彰奖励,而对于不按标准作业的人员要帮助其提高标准化意识,增强达标的自觉性,使标准化工作的开展在群众中学有目标,帮助到位。

四、信息工作

信息是反映企业生产经营活动及其他有关因素的消息、情况、指令、信号等。信息工作,主要包括企业经营管理所需要的资料,数据的收集、处理、传递、储存等工作。

1. 信息的特征

(1)信息的获取不易,但复制却很容易,因而信息具有可扩充性,可以无限的增值。

(2)信息具有共享的特性。任何信息一旦传递给他人,则双方共有,可以无限增值。

(3)信息具有渗透扩散的特性。信息无时无刻不在力图扩大其影响,渗透扩散。

(4)信息可以进行精炼、压缩、概括、综合,以便于存储利用和处理。

(5)信息是可以转换的。它可转换为资本、劳动物质资源和时间资源。

(6)信息贵在及时,具有很强的时间性。

(7)错误的信息往往比没有信息更坏。失真的信息会导致错误的决策甚至带来严重的后果。

2. 信息的作用

(1)信息是资源、信息与物质,能量并列为社会经济发展的三大要素。这种资源具有再生性和共享性,取之不尽,用之不竭。

(2)信息是知识。知识是一种特定的人类信息,没有客观世界的自然信号和自然信息,便不可能产生知识。信息经提炼转化而成知识。信息是知识的原料,知识是系统化、深化了的信息。

(3)信息是财富。信息是经济发展的催化剂,它作为一种有价值,能交换的知识,同资本和劳动结合能创造财富。

3. 管理信息系统的功能

(1)收集与录入原始信息。其基本要求是量化及时，录入方便，准确完整。

(2)存储信息。涉及一系列复杂的技术问题，要求考虑保证信息的一致性、安全性、保密性，既要便于取存查找，又要减少不必要的冗余，以降低信息设备及传输的费用消耗。

(3)传递信息。既要求准确又要求有一定的速率。有的信息还有加密的要求。

(4)加工处理信息。对信息加工处理能力的强弱，反映一个信息系统的完善程度。加工信息包括排序、增删、修改、检索、统计等作业，有时还要做更复杂的处理。

(5)输出信息。要求做出清晰的、规格化的报表、图形或文档，有的要求给出查询过程相互对话文件等。

4. 信息的管理

信息要求时间性、准确性强，加强信息管理，主要应由以下几方面着手：

(1)调查分析各职能部门的信息源需求、流程及各职能部门相互间的联系，实行一个科学的合理的人工信息系统，力求减少重复，统一口径要求，避免信息的不一致性，为采取现代化的信息处理手段打下可靠的基础。

(2)整理基础数据，保证数据的准确性、完整性，对数据的内容、范围、时间、传输方式、提报部门与人员均要有明确的规定。只有在信息准确无误，如实反映情况的基础上，才可谈及切实有效的管理与安全控制。

(3)信息标准化、代码化。根据信息的特征，特别是随着科学技术的日益发展，对信息的要求是越来越高，为适应科学技术的发展，信息也应标准化、代码化。这样可以简化信息处理工作，并为信息处理的机械化、自动化创造条件。

(4)建立一个现代的数字通信网，是提高信息系统及时性、准确性的当务之急，更是建立现代化的信息系统的必要条件。

(5)建立现代化的信息系统。应用信息技术进行现代化管理，是管理系统与决策系统的高级形式。它不同于一般的数据处理系统，而是把数据的收集、传输、存储、处理以至于制定多种可行性方案与分析工作，归纳综合为一体的完整的系统。

(6)重视人才的培养与各级管理人员素质的提高。人才是推动与发展新技术应用的根本，要有长远的眼光，舍得在智力开发上投入时间和资金，培养信息管理人才，提高信息管理水平，只有这样才能适应社会主义市场经济发展的需要。

五、规章制度

1. 规章制度的作用

建立健全以责任制为核心的规章制度，是企业、班组管理中一项极为重要的基础建设。加强规章制度建设的重要作用有以下四点：

(1)它是保证班组生产经营活动有秩序地进行的必要条件。现代化大生产是一个复杂的过程，具有组织严密、分工精细、联系密切的特点。只有建立科学合理的规章制度，才能有秩序地进行生产和工作。

(2)它是调动职工积极性的重要手段。社会主义企业的班组所制定的规章制度是根据科学管理和职工利益相一致的原则确定的，其根本目的，就是调动一切积极因素，促进生产力的发展。

(3)它是协调班组内部关系的有力保障。规章制度具有维护和完善现存生产关系,实现生产目的的特殊职能。它可以把班组内部各方面的力量科学地组织起来,发挥整体的作用,提高整体素质。

(4)它是从管理上实现依法治理的重要内容。规章制度本身具有严肃性、权威性和强制性,一经确定,就应视为本班组的"法规",严格遵照执行。班组的生产活动、民主管理等都处在"法"的控制之下。

2.规章制度的基本内容

(1)生产方面的制度。根据生产、作业分工和协作原则制定各种责任制。其中最根本的是岗位责任制。目的是使职工按岗位职责协调而有秩序地进行生产经营活动,避免无人负责,职责不清或相互扯皮。

(2)技术方面的制度。主要指为保证产品质量而制定的有关制度。其中最主要的是贯彻技术标准及有关的技术管理制度,它为正常生产技术活动提供统一的行动准则。

(3)经济方面的制度。主要指按照商品规律进行管理而制定的各项制度。目的是确保全面完成各项生产任务。包括考勤制度、物资(材料、备品)领用、回收制度、产品入库制度、经济核算制度和奖惩制度等。

(4)文明建设方面的制度。是指为适应精神文明建设和创建文明班组的需要而制定的有关规定、标准和考核办法。

3.班组应建立的管理制度

(1)岗位(经济、质量)责任制。各个工作岗位,对班前的生产准备,班中坚守岗位,班后记录、清扫场地等都应规定明确的岗位责任。岗位责任制有很强的针对性,其内容包括岗位工作职责、基本工作方法和应达到的基本要求。

(2)生产管理制度。生产管理制度应包括劳动作业纪律、考勤制度和交接班制度等,保证正常的生产秩序有条不紊地进行。

(3)工具管理制度。保管好班组和个人的通用工具和专用工具,按规定周期交验计量器具,要求工具及工具箱内工具备品存放整齐、始终保持作用良好状态。

(4)设备维修保养制度。按规定做好管内的设备三级保养,坚持设备保养维修的各项规定,保证投入使用时设备良好。

(5)经济核算制度。包括班组经济核算、压缩物化劳动和活劳动消耗,体现多劳多得的分配制度。

(6)技术学习练兵制度。组织职工参加文化技术学习、搞好岗位练兵,即开展班组的"三标"(学标、对标、达标)活动,新员工上岗的岗位培训,以及"师徒合同"等规定。

(7)文明生产制度。包括班组的定置管理,劳动保护和安全装置的管理制度,严禁"二野二乱"(野蛮待客、野蛮装卸、乱涨价、乱收费)。

(8)思想教育制度。进行形势任务教育,职业道德教育和法制教育,定期家访谈心,相互帮助,共建"四有"职工队伍。

六、班组经济责任制

经济责任制,是我国社会主义经营管理体制的一项重大改革。实行经济责任制,是社会化大生产和社会主义市场经济规律的客观要求。班组是企业员基层的管理组织和单位，是一切工作的落脚点。责权利相结合的经济承包必然要落实到班组这个"落脚点"上，即运输企业的经济承包责任制，必须要在班组这个基础上扎扎实实地建立起来。

1. 建立健全班组经济责任制的作用

(1)班组是企业的基础，企业必须建立健全班组经济责任制，把经济承包深入到企业机体的每个细胞，这就保证了实行经济承包和进一步实现改革落到实处。

(2)班组是从事生产劳动的最基本组织单位，班组建立健全了经济责任制，才能把企业的挖潜提效措施，具体地直接地融化到工人的生产劳动中去，提高广大职工的劳动积极性。

(3)班组是贯彻责权利相结合原则，解决国家、企业、个人利益相统一的主要环节。建立健全班组经济责任制，改变干多干少一个样，干好干坏一个样的局面，以激励广大职工主人翁责任感，依靠他们办好企业。

2. 班组经济责任制的内容和形式

实行经济责任制，各级都要以"包、保、核"（承包、保证、考核）为主要内容，无论是纵向横向、个人的岗位或班组经济责任制，都必须明确以下几点：

(1)责，就是要搞明确班组内个人对班组承包的产量、质量、安全、消耗、效率、利润等各项指标，应负什么责任，也就是把企业的各项指标分解落实到有关班组个人。

(2)权，就是班组长和每个岗位的职工，都要有与自己职责相适应的权力，这在经济责任制中都有明确的规定。

(3)利，就是正确处理国家、企业和个人三者间的利益关系，贯彻按劳分配的原则。班组是体现企业和个人利益关系的落脚点，必须使职工的劳动报酬与劳动成果相挂钩，认真贯彻多劳多得，克服平均主义。

(4)效，就是效益。提高经济效益，是实行以承包为中心的经济责任制的目的。班组经济责任制，应具体体现安全质量、挖潜扩能、降低消耗、增收节支等各方面的经济效益。

(5)核，就是严格考核。经济责任制既经制定，就要坚持执行，严格考核。若不按规定进行考核，就如同废纸一张，所以说："贵在坚持，重在考核。"

班组经济责任制在考核时，应注意以下三点：

①要从实际情况出发，凭数据资料说话，做到考核数据化。

②考核包括奖罚两个方面，应严肃认真，坚持原则，不讲情面，做到赏罚分明。

③要做到"三个百分之百"的严格考核。即百分之百的遵章守纪，按操作规程办事；百分之百的认真查处和报告违章违纪的错误；百分之百的严肃处理，包括减免生产奖金或适当的行政处分。总之，严格按制度规定进行考核，是落实班组经济责任制的关键。

3. 班组经济责任制的考核

经济责任制能否坚持严格的考核，是经济责任制能否真正发挥作用，并得到巩固发展的关键。考核就是按班组的指标（方针目标分解值）逐项标准考核。它包括完成任务的时间要求、工作标准、产量、产值、质量、效益等标准数据和考核期限。

考核的基本方法是：

(1)先根据考核标准确定基准分(或称考核比重)。

(2)再定出对每项具体指标(产量、产值、质量、效率、效益、时限等)的加分扣分标准。

(3)在一定的生产周期或生产阶段后，根据原始记录，经班组长或核算员计算。

(4)将计算的结果公布，进行民主讨论，充分发表意见，做到在考核标准面前人人平等。

(5)完整保存考核资料，并按规定格式上报车间。

经济责任制，是岗位责任、企业经济效果、个人劳动成果和经济利益的结合。因此，要在严格考核的基础上，贯彻按劳分配。班组要按不同岗位的责任轻重、工作繁简、技术高低、贡献大小等因素，合理确定不同的分配系数。实行计件工资或计件奖励制度的，其劳动定额也要根据这些因素去制定，以克服平均主义，充分调动广大职工的社会主义劳动积极性。

第六节　危机管理

当危机爆发时，企业面临向上提升或向下沉沦的转折点。管理学大师彼得·杜拉克在其所著的《21世纪的管理挑战》一书中指出，据统计，美国有85％的企业在危机发生一年后就倒闭或从市场消失。为什么有这么多企业无法度过危机的考验呢？这与许多公司高层对危机管理持有敬而远之的态度有密切关系。从这一类失败的案例中，大都可以看到决策团队成员，因害怕别人看穿自己的不足或缺失而一味地掩饰或否认危机，最后甚至采取推诿责任的态度，既没有面对危机的勇气，也没有解决危机的智慧，而听任危机一再地扩大，直到整个企业遭到危机的吞噬。所以企业无论大小，"危机管理"都是必学的课题。

其实危机并不可怕，可怕的是不知危机在哪儿，跌倒爬不起来或者爬起来却没有记取教训，在同样地方跌倒。再次跌倒，并不保证再次能爬起来，万一不能怎么办？所以近年来，美国及欧洲等知名大学的商学院，已将这门可以挽救企业于危亡的学问——企业危机管理，列为一门重要的课程，并且相关书籍与研究著作都纷纷出笼，由此更可看出这门学问的重要性。基本上，企业危机管理是一门科学为体、艺术为用的跨领域科际整合之系统学问。它整合了企业管理、危机管理、公共关系、行销学、财务及金融理论、政治学、心理学、传播理论、社会心理学、法律学等学习。

一、企业危机管理研究的意义

企业管理是透过人力资源管理、生产管理、财务管理、物料管理(后勤管理)、行销管理，以动员企业可用之人力物力，在变迁的环境中，将竞争资源做最适当分配，使投资收益极大化，以确保竞争优越性，最后达到提高市场占有率及获利率。相对地，在企业危机管理方面的投注就显得格外薄弱。其实从产业史的发展而论，企业受到内外环境急剧变迁的冲击，而产生"适者生存、不适者淘汰"的残酷的事。即使历史悠久、经营卓著、市场占有率高、获利率高的企业，不代表就不会发生危机，也不保证遇到危机时，能有成功的危机处理。更可能因为前述的市场优势、而产生否认或轻蔑危机存在的心理趋势,结果却使得危机更易产生。所以一些绩优的企业都遭到危机的威胁,例如,1989 年美国艾克森石油漏油事件、1997 年台塑的汞污泥事件、新加坡航空公司桃园飞航空难事件、2002 年 5 月华航 CT611 班机在澎湖外海的空难事件。

在 21 世纪的数字时代,营运管理与危机管理已成为企业经营的两大重点,这犹如鸟之双翼、车之双轨,缺一不可。如果只有营运管理,而无危机管理,则容易使企业陷入险境、而无法达到永续经营的目标;反之,如果只有企业危机管理,而无企业管理,则无法达到企业预定的战略目标。因此两者不但不相互排斥、相互割裂,反而是企业长治久安的两大支柱。企业危机管理虽然属于防御性.而非攻击性,但是若企业没有良好的防御,在遭到危机之际,最终结果都难免功亏一篑、遭到覆亡的命运。

企业危机管理是决定公司优胜劣败的关键,对于企业主及经营者来说,是一种生存不可或缺的战略指针。然而实际上,企业危机管理的重要性与必然性.并没有得到应有的重视。正因为企业危机管理没有受到应有的重视,所以各种企业危机事件屡见不鲜。为避免危机的发生,相信未来危机管理将会成为企业界与学术界关心的议题。这样的现象不仅出现在台湾地区,甚至在危机管理先进的美国,也是从 20 世纪 80 年代开始,才正式将其纳入特殊管理的领域。

以商场如战场的角度来研究企业的危机管理、对个体企业及社会都有极为重要的意义。

二、企业危机管理概念

1. 危机的界定

在每天的新闻用语中,危机这个词已被滥用,所使用的精确度也越来越低,结果这个词几乎变成意外或灾难的等同语。一般中国人对危机的定义是从字面上的危险加上机会来表达。这里所指的机会,不是指可获得额外更多的利益,而是指隐含存在脱险的机会,或降低危机爆发时的可能不利效应。其中的关键点就在于如何运用智慧,化险为夷。

在企业危机管理领域,对于危机的界定是:"一个主要事件可能带来阻碍企业正常交易及潜在威胁企业生存的负面结果。"或者是:"危机是个人、群体或组织无法用正常程序处理,而且突然变迁所产生压力的五种情境。"危机一般还具有以下特点:

(1)突发性(以及由突发而带来的惊异性)

企业危机爆发,表面似为突发事件,实则事件背后有趋势,趋势背后有结构。结构性压力的动态变化,是经过渐变、量变,最后才形成质变,而质变就是危机爆发的阶段。因此,潜藏危机因子的发展与扩散,才是企业危机处理成功率最高的阶段。常言道:冰冻三尺,非一日之寒;美国哈佛大学的彼得·圣吉在其《第五项修炼》一书中所强调的系统性思考,也都是同样的道理。这些皆能说明,企业危机变化的动态过程中,有许多可见微知著的量变过程,所以危机不是突发的,既然不是突发的,则何来惊异性之说?其实这是因疏忽了危机因子的动态变化,所以才会以为危机是突发的,以及出其所带来的谅异性。实际上,企业所犯的错误中,最严重的不是一次性的失败,而是内部每天例行性的错误,经年累月所造成的积弊,这种发生于不易察觉的错误,往往才是造成企业溃败的主因。

（2）威胁到企业的基本价值

危机之所以会威胁到企业的基本价值，这是误将危机爆发与危机因子同视为危机，而无程度区别。其实危机刚开始发展的时候，如星星之火，并不会直接威胁到企业的基本价值，只有当企业危机演变到燎原之火的时候，才会威胁到企业的生存发展，有些学者之所以会将危机当作企业未来前程的分水岭、转折点，就是不了解危机有程度差异。不同程度的危机，其结果所造成的威胁程度自然也不尽相同。

（3）危机具有时间的压力

这与前述第二点道理相同，危机是有程度区别的，那么危机程度低的时候又何来时间压力？唯有危机接近爆发阶段或是已爆发，才会有必须处理的时间压力。

（4）企业决策者被迫做出决策

此点也是忘了危机有程度的之分，认为危机会迫使企业家必须做出决策。有此错误的看法，就会延缓危机处理的时间点，因为只有到千钧一发之际才是危机。那么危机处理的时间点，当然是放到危机爆发之后，而不是在危机爆发之前的星星之火。故此，企业危机的界定，绝不能等于前述学者所指的危机爆发。因为届时处理的成本高、难度高，后遗症也大。

2. 企业危机管理的界定

企业危机管理这六个字，是由企业、危机、管理三个各有本意的名词组合而成。管理是指一连串有系统、有组织的活动，以完成或达到既定之目标，其主要步骤为：计划、组织、领导、控制等。这三个名词组合之后，则有其特殊含义。

美国学者指出："危机管理是任何可能发生危害组织的紧急情境的处理能力。"日本学者将危机发现与危机确认作为危机管理的出发点，认为危机管理是发现、确认、分析、评估、处理危机，视为危机管理的流程，同时在这一过程中，始终必须保持"如何以最少费用取得最大效果"为目标。我们将危机管理界定为："有计划、有组织、有系统地在企业危机爆发前，解决危机因子，并于危机爆发后，以最迅速、有效的方法，使企业转危为安。"

三、企业危机的特性

不掌握企业危机的特性，对于危机的辨认就可能出现盲点。盲点若出现，就可能使危机管理出现漏洞，而导致企业难以弥补的灾难。所以认识并掌握企业危机的特质，是危机管理重要的核心部分。企业危机主要的特质包括五大方面。

1. 企业危机的程度性

不知企业危机轻重程度，在处理时就不易掌握资源投入的多寡，实际上，企业危机有程度的区别，并非所有的危机都是致命的，有的仅只会造成企业轻微的伤害。危机的程度不同，处理的方式与资源的配置就不同。故此，严重者可称为企业核心危机，轻微者可称为企业边陲危机。

2. 企业危机的破坏性

危机中虽含有转机，但是这项转机是有条件的，绝不代表转机必然降临，一般企业危机若未能妥善处理，轻者可能会伤害公司形象，降低大众对该企业信赖；重者可能使企业破产或立即倒闭，危机对企业破坏的严重性，由此可见一斑。以 1994 年 1 月

17日美国洛杉矶大地震为例,受创的中小企业有40％～50％就无法东山再起、重新营业。另外,美国航空业在"9.11"恐怖攻击事件后的一周内,载客率大都不足五成。估计全美营运因此亏损50亿美元,许多公司也都因此而大幅裁员。

3. 企业危机的复杂性

从企业危机的个案分析中发现,危机很少是单一因素造成的,它常由内在经营或营销结构及外存市场条件的变化等错综复杂的因素互动而引起的。例如,企业财务危机,绝对不是只有人事成本高,或每月需支付的利息高,其中可能牵涉投资计划、经营战略等层面的问题。当然也可能牵涉大环境的经济不景气,致周转不灵,越过企业可忍受的临界点,最后走向倒闭或关闭的不归路。

4. 企业危机的动态性

企业如果因外在大环境或内在结构而产生危机,此种危机决不会客观静止,如同无生命地僵化在原范围或原议题上,而会随着企业处理的正确性与即时性,而使企业危机降低或升高。企业危机变化的每一阶段,几乎都具有因果连锁,所以不能疏忽企业危机的动态性,正因为这种企业危机的动态性,星星之火的小危机,就可能变成燎原之火的巨型危机。

5. 企业危机的扩散性

企业危机的连锁扩散性反应,会造成一个危机引爆另一个危机,虽然这些危机是由第一个危机所引起的,可是当主要危机获得解决时,其他危机不一定就会跟着迎刃而解,而且任何一个危机在没有彻底解决之前,就有可能产生这种扩散反应。

四、企业危机的来源

企业危机来源可分为两大类,一类是从属性的原因,另一类则是根本性的原因,企业运营在变动的政治、经济环境中,风险高、事故多,但并非事先无法预防。事实上,唯有事的预防和掌握各类型的危机根源,才能化危为安。根据危机处理分析的经验发现,企业出现危机,常是在经营顺利的时候。因为此时容易忽视潜在的危机和可能发生的逆转,更容易被眼前的利益和局部的胜利所迷惑。这些能注意、应注意,却未注意的危机因子变化,诸如政府新的法律、市场新的技术、竞争者新的竞争战略、社会结构的急剧变迁、全球性新的竞争趋势等,实为企业危机的根源。

20世纪的火车改变了人类对速度的认知,21世纪的网络,扭转了人类对空间的观念。连速度和空间都会改变,所以,"变"已成为常态。对企业而言,"变"具有两种含义,"变"可能对企业产生有利的影响,即形成企业的一种机会;反之,"变"也可能对企业产生不利的影响,形成威胁企业发展的因子。如果不注意大环境的变化,尽管产品的品质、价格都极为妥当,促销人员也极尽力,机会仍可能会流失,威胁也会增高,因为无法掌握趋势的变化,公司就无法正确分配有限资源,将其投入关键之处。若是资源错置,又何能抓住市场机会、避开环境所带来的威胁。因此,掌握趋势是企业立于不败的根本。

1. 激烈的产业竞争

世界贸易组织(WTO)的精神是,建立全球自由贸易的游戏规则,其核心三原则就是:最惠国待遇、国民待遇及多边谈判不歧视原则。因此,中国在加入世界贸易组织后,势必要撤除关税的保护伞,而造成大陆地区产业竞争环境更加剧烈。在全球化的过程中,产业和商品的开放与聚合、知识和网络科技的创新、多元成熟社会的顾客需求所造成的产业激烈厮杀的战国时代,必然使得企业生态发生变化,届时企业可能会大量出现适者生存,不适者淘汰的现象。

2. 智慧财产权重视程度升高

欧、美等科技先进国家,以智慧财产权作为竞争利器,长期处于市场优势,并以智慧财产权作为阻挡其他国家进入的方式,对各地区具有世界竞争力的高科技产业造成一定程度的牵制,所以,未来企业要避免侵权争议的危机,除了要强化研发能力外,更要运用智慧财产权以为保护,或作为交换智慧财产权的筹码。

3. 数字化的科技革命

企业要在 21 世纪生存,电子商务已是不可避免的,电子商务的崛起,产生了新一代的产业革命,面对产业激烈竞争及市场需求的快速变化,为了寻求生存及持续经营的企业,需要由传统、单纯的制造,进而迅速地掌握前端市场的需求。但是如何才能掌握前端市场的即时性需求呢?电子商务能力正是掌握这项需求的关键利器,因为电子商务的特性,包括有全球化市场的基础、虚拟化的组织、低障碍的网站设置成本、24 h 全天候的营运机制、快速有效回应、符合个人需求、增值性服务、竞争性价格、多媒体资讯、交谈式操作以及创新性的商业机会与价值。尽管数字化有其无可替代的重要性,但实际上许多电子供应商无法掌握线上交易客户的资料,无法针对客户需求,提供一对一的个人化服务;无法主动辨识反复交易的客户,这就是目前电子化差距。

4. 危机的突发性

企业经营的外在环境是会变化的,以前不曾出现的危机,并不代表以后就不会出现。这种现象不是只出现在企业经营环境,即使是大自然也会有如此的变化。企业以往未曾遭遇飞机恶意撞击的危机,但 2001 年,美国就遭遇到"9.11"恐怖攻击事件。所以企业所面临的危机极为广泛,如何将危机类型有效地归类,使企业家及学习者能尽快掌握相关遭遇的危机,确是企业须深入了解的当务之急。

危机的类型基本上可以分为两大层面:第一,由国际或本国政治、经济、社会、法令、科技、文化等环境的冲出所造成的危机;第二,企业内部或企业本身所引发的危机。第一类为企业外在危机,第二类为企业内在危机。企业的内、外环境具有相互依赖、相互影响的复杂关系,故不能以一刀切的方式将企业经营的内、外环境分开。

五、企业危机处理

危机处理是在危机爆发之后企业被迫的紧急处理,如同航空公司遭遇空难事件一样。其实,企业危机的发生,常与缺乏危机意识与危机管理计划有关,这种渐进性的危机,待爆发之际,受资讯不足、压力极大、破坏力极强、可反应的时间极短、危机处理的选项极有限等制约,常使企业措手不及。尽管有如此多的不利条件,但是只要有正确的决策,力挽狂澜不是没有可能的。根据企业危机处理的经验,危机的解决,可能是侥幸的抉择,也可能是经过周密思考,再通过科学化的评估所做成的决定,前者是靠运,可遇不可求;后者是通过经验科学达到的,这是稳健的做法,也是正确的企业危机决策。

危机决策属于"运筹帷幄,决胜千里"的学问,是决策科学中的重要一环。由于危机决策不是一次决策,而是多次决策。在决策与决策之间,有强烈的因果关系,因此需要对所牵涉的决策领域全盘思考、谨慎思量,才能在企业存亡的重大关头做出正确的抉择。所以这门学问的主要功能,在于帮助企业决策者,进行理性而系统的分析,让危机在发生时能以最科学、最准确、最迅速的方式,达到损失最小的目的。

企业危机决策是处理危机的心脏,以时间作为基准,大致可分为静态和动态两种。静态决策往往都是在一个特定时间点上做出决策,其后的一切后果,都会在一个特定的时间点上尘埃落定。然而一般突发事件的危机决策,大部属于动态非正式化决策,也就是公司在毫无预警及任何准备的情况下,危机突然出现,因此没有任何前例可循。企业大多靠经验与直觉判断来处理这类状况。然而以往的经验,常会有误判与错误的解释。事实上,经验只能提供资料,不能提供解决危机的知识,唯有了解资料背后的含义,方能将它转化为解决危机的知识。

危机发生之后,决策者易于依赖以往相关的经验与直觉来进行危机的推理判断。无论过去的经验是什么,它们都会凝聚成危机的认知,主导整个危机的管理方式。例如:决策者把危机视为机会或一项威胁,无论是机会或威胁,都有其不同的含义:如果把危机视为机会,就会使公司管理者增加能力,以思考不同选项、扩大危机处理的计划;反之,如果把危机视为一项威胁,将会限制管理者对于资讯的思考。除以往经验的影响外,公司负责人对危机的认知,可能受到下列因素而有所扭曲,包括:刻板印象;月晕效果;个人心理素质;过多资讯形成的资讯超载;第一线人员在沟通时输入过多模糊字眼,而无法精确掌握实质的意义;输入资讯差异过大,导致事实的清晰性与可信度出现问题;企业决策者已有先入为主的观念,而使得资讯输入者,不愿输入违背接受者(通常是权力拥有者)认同的资讯,而这一部分被疏漏的情报,很可能关系整体危机处理的成败。危机期间资讯扭曲最为严重者是时间压力的效果,它会产生以下一些负面效果:降低资讯搜集与处理的能力;负面资讯的重要性增加;防御性反应,因而产生忽略或否认某项危机处理的重要资讯;支持既定被抉择的选项;不断寻找资讯,直至时间耗尽,降低对重要资料的分析评估能力;错误的判断与评估。

国际互联网时代的危机决策与传统危机决策的最大不同点在于危机处理的反应时间,所以危机决策最怕企业根本就没有设立危机处理的专案小组;危机决策会议太晚召开,而使危机不断向其他领域扩散,部门互报责任,导致危机在各单位间打转,最后危机升高,危害持续扩大。故此,危机决策会议,必须议而有决,决而速行,至于责任归咎问题,非本阶段的重心。但这并非表示找出危机的罪魁祸首不重要,而是在处理阶段,解决危机才是真正的当务之急。

危机处理是一项系统工程,忽视任何一个环节,都可能产生或大或小的失误,甚至完全失败。在面对危机复杂多变以及决策者处于有限理性的情况下,企业应该如何解决危机,才能使后遗症降到最低点? 下面提出危机处理的六个方面。

1. 专案小组全权处理

危机处理的指挥体系必须明确,才能上令下达、群策群力,向一致方向共同奋斗,解决危机。反之,如果指挥体系不明,权责不清,则可能形成组织内冲突,彼此相互抵消力量。专案小组下达决定给各相关执行部门后,就可以分进合击、朝既定处理目标努力。但最麻烦的是,如果未能在危机预防管理阶段,就设定危机处理的专案小组,那么企业在危机发生后,究竟出哪一个单位来处理? 如果没有单位全权负责,各单位很可能会相互推托,这可造成本可避免的危机却持续升高。同时,企业既要处理日常事务,又要避免危机扩大,在这种双重压力下,难免阵角大乱;此时企业要隔绝危机,就必须立刻挺身而出,组成专案小组全权处理。如此,其他日常事务才不会被妨碍,才不会衍生另外不必要的危机,使情势更为复杂。

2. 搜集企业危机资讯

没有资讯就无法辨识企业危机的因子,也无法进行后续的危机诊断。所以资讯的搜集,是危机处理成功的第一步。美国决策学专家戴辛指出,决策者所能适用不同的资讯越多,则考虑的方案就广,忽略一项,有效解决危机的机会就越少;不同资讯统合性越高,解决问题的妥当性就越大。危机爆发后的资料搜集模式大致可分为两大系列,一是让决策者在边做边学中积累经验;另一种是有计划的连续搜寻模式。资讯搜集不仅为危机的本身部分,亦包含可能解决危机的相关资讯。

3. 诊断企业危机

危机处理必须按照不同程度,给予不同的处理,但这里所处理的危机,几乎都是到了危机最高点,换句话说,此时危机处理是急诊室的危机处理,与危机管理有很大的区别。因为危机管理属于预防阶段,有充分的时间与人力,它不像危机处理阶段有庞大的外在压力,而且处理时间非常有限;在此阶段如果不能辨认危机因子、程度及其症结,就无法适时顺利地解决危机,更可能浪费危机决策的宝贵时间,因为不能发现危机因子及其症结所在,就无法确认目标并加以解决。

企业期望的是,既要能够诊断危机程度,更要找出为何发生这样的错误以及认识其对企业所产生的伤害严重性,这才是对症下药的危机处理。但是身处危机最前线的服务人员,与后方运筹帷幄的决策者,可能对危机严重性的认知、直接感受、能够处理的选项不同,所以处理的方式可能有异。解决此决策问题有两种方式,主要的差异在于表达意见是否具有匿名的效果。第一种是第一线人员直接通过网络,在线上即时提问,决策者可用文字或语音在线上即时回答。若问题更为复杂,牵涉的利益范围与单位更广,则可在线上针对特定问题进行投票,并即时观看结果。这种方式具有匿名效果,可避开企业内利益团体的纠葛。

另一种可行的方式是,指挥系统在危机爆发后,立刻采用电传会议系统(通过卫星或通过网络),掌握第一线立刻传回的资讯,使决策中枢能以此作为根据,研判下一步应有的行动,并使现场危机处理的主管能立即得到指示。

企业危机决策的中枢,在紧急诊断危机现况后,可集中力量,针对下列四种任务进行了解:

(1)辨识危机根源

企业表面的病征,大多是深层企业运作系统错误的表象。美国管理学界的戴明指出,只重视表面数字管理,很可能在公司前景出现疑问时,管理者更加重视财务数字,然而在不了解真正问题所在的情形下,公司财务人员只能根据财务报表的最终合计来压低购料成本,却忽略更重要但不知道的因素,如此公司利润只会更进一步损失。所以过度轻信某单独统计的数据,或事实所形成的意见,或对那些现成可得的资讯,对它们付出过多的注意,都可能忽略这些表象背后所隐藏的系统问题,为避免病急乱投医的孤注一掷处理法,辨识危机根源极为重要,企业应该辨识危机究竟是由何种病源造成,理清部门与企业任务的关系。进而在调派企业精英支援时,能够清楚知道应派哪一部门的人加入危机处理的专案小组。

（2）掌握危机威胁的程度

危机程度的掌握,对于危机的组织部署、战略的执行是必然的要件;否则在不知危机程度的情况下,极易造成盲人骑瞎马,夜半临深渊的险状。庖丁解牛之所以游刃自如,是因为弄清楚了牛的结构。危机决策也是一样,在决策之前,必须掌握危机威胁的程度。

（3）请求政府各相关部门协助

政府掌有权与钱等重要资源,又因企业倒闭会造成不同程度的社会问题,如果能够取得政府的协助,将使企业沉重的危机负担大力减轻。

（4）搜集社会意见

危机决策小组必须每天搜集大众如何思考这个企业危机,然后送至专案小组进行分析。如此企业在提出策略时,就不会与社会预期差距过大,这关系到企业的生存与发展,特别是对于企业形象的维护较有助益。

4. 确认决策方案

企业危机处理的总指挥官,要发挥团队最高统合战力,抓住危机中的任何机会,从可行的方案中,选择较为合适的方案,这是本阶段最重要的任务。若能根据危机管理期拟订各种解决危机的行动方案,从中择一,宣布实施,此乃最理想的状态。尽管方案未必是毫无缺点,但它可能是实现决策目标方案中成功概率最高的。但是万一企业并没有事前危机管理的防范措施,那怎么办呢？这是一般资源不足的中小企业较常出现的问题。如果真遇到此状况,企业在无人身安全的顾虑下,应亲率相关部门的负责人赴第一线指挥坐镇,当场讨论如何处理并立刻实践行动方案。下达决心前的危机决策过程,应涵盖评估相关资讯,列举各项抉择方案,辩论方案选定;方案的选定过程,以头脑风暴和决策树法较佳,因为这种逻辑法要考虑到每一行动方案及其后果。在紧急情况下,前述的评估、抉择、辩论、方案选定等过程也不应该放弃,但时间可以尽量缩短。

5. 执行处理战略

危机就是转机不会自动实现,它完全依赖采用何种处理战略。鉴于企业危机的威胁性、复杂性、扩散性,企业危机的处理须在顾及全局（危机涉及多领域）的前提下,采取主动攻势,来达到企业的目标。当然,若能避免在急迫的情况下,因执行危机处理战略的选择而发生决策冲突所导致的组织危机,则更具智慧。

危机处理的方式,最重要的莫过于任务的分配、资源（人力、财力）的调度以及处理目标的优先顺序。此时最佳领导方式为强势领导,因该种模式能够针对危机,全权进行任务分配与资源调度,不会叉到掣肘而延误先机。在考虑处理危机的方案时,有三个层次应特别注意:

（1）机会成本

既然危机已经爆发,处理是必然的,此时可能出现不同机会成本的处理方案。但是企业要付出多少机会成本才能平息危机,唯有经过客观地分析,才能找出最低成本、最大成功概率的方案。

（2）掌握社会的期望

制定企业危机处理战略除了要解决危机,更要掌握社会的期望所在,以构建企业永续经营的商誉。就社会大众一般的心理而言,当企业发生危机而影响到外在环境、甚至大众的利益时,社会自然期望公司能立即采取某些具体可见的行动来平息危机,例如,停工生产、关厂、产品回收、宣布即刻调查。

(3)企业承受度

从处理危机的角度而言,最能满足社会期望的危机解决方案,并非企业能完全承受的。所以要保留一定程度的弹性空间,作为企业脱困之用。

6. 处理危机的重点

哈佛大学教授艾亿森在研究美国当年的古巴导弹危机时,曾下了这样的断言:"在达到美国政府目标的过程中,方案确定的功能只占10％,而其余90％则依赖有效的执行"。这种说法虽然言过其实,但在某种程度上,也突出了执行面的重要。面对不同类型的危机,有不同的执行重点。在千头万绪中,虽说要面面俱到,但总有关键之点绝对不能疏漏,这就是处理重点的所在。

本书建议危机处理的重点置于病源及外显症状,但在考量处理方式时,则应以全局综合判断。为什么危机爆发时,危机处理的考虑是全局性的思考,而非枝节,因为枝节会挂一漏万,无法周全,处理重点应涵盖病源与症状等两大层次。就病源来说,可能出现内环境的财务、人员、产品……外环境的灾难事件,政府法律、竞争者等,无论是哪一种,都必须针对病源解决危机,病源必然会反映出某种程度的症状。如果只针对病源处理,症状当然会日渐改善,但也很可能进入潜伏期,成为另一种危机,它一旦结合其他类型的危机因子,势必又会成为未来企业的隐患。

例如:美国"9.11"恐怖攻击事件后,搭乘长机的人数大幅减少,却又要增加保险的费用,因此各航空公司都出现沉重的财务负债。

148

关键名称与概念

1. 质量管理:是企业为了保证和提高产品或工作质量所进行的调查、计划、组织、协调、控制、检查、处理及信息反馈等项活动的总称。

2. 全面质量管理的基本工作方法:PDCA 循环。PDCA 循环分别是英语 Play(计划)、Do(执行)、Check(检查)、Action(处理)四个词的字头。

3. 质量管理常用的工具:排列图、分层图、因果图、对策表。

4. 细胞体班组:是指承担组织基层、管理基础、能力基核、文化基因、形象基点的"五基"功能,具备共同目标、一致标准和互补技能三项条件以及自我学习、自我组织和自我创新三大特征的基层作业单元。

5. 班组建设:是企业通过一定的组织方式和活动形式,依靠班组的自身努力,全面提高其政治、文化、业务、技术素质,以加强企业基础,增强活力的一项基础性建设。

6. 班组管理的基本内容:计划管理、生产管理、技术管理、质量管理、设备管理、物资管理、劳动管理、财务管理(包括成本管理)。

7. 班组基础工作:指班组在生产管理过程中,为企业的各项专业管理准确、完整地提供资料数据与信息,又为班组建立正常生产、工作秩序和加强自身管理提供必不可少的准则、依据。

8. 劳动定额：是指完成单位产品或工作所规定的必要时间消耗量。

9. 物资消耗定额：是指单位产品（或工作量）所消耗的物资数量标准，这个数量应是最低的，又是足够的。

10. 标准化工作的基本任务：制定标准，贯彻和执行标准，对标准的实施进行监督管理。

复 习 题

1. 班组建设的内容有哪些？（适合【中级工】）

2. 细胞体班组的基本要求有哪些？（适合【中级工】）

3. 班组管理的基本内容有哪些？（适合【中级工】）

4. 班组长的基本条件有哪些？（适合【中级工】）

5. 做好班组长要注意哪些方面的问题？（适合【技师】）

6. 何谓班组危机管理？（适合【高级技师】）

7. 全面质量管理的基本原则有哪些？（适合【技师】）

8. 分层图的使用方法是怎样的？（适合【技师】）

9. 排列图的绘制方法是怎样的？（适合【高级技师】）

10. 班组应建立哪些管理制度？（适合【技师】）

11. 企业危机的处理方法有哪些？（适合【高级技师】）

参考文献

[1] 韩小平. 铁路行车组织. 北京：中国铁道出版社，2008.

[2] 上海申通地铁集团有限公司. 城市轨道交通运营调度. 北京：中国铁道出版社，2013.

[3] 费安萍. 城市轨道交通行车组织. 成都：西南交通大学出版社，2007.

[4] 何宗华，汪松滋，何其光. 城市轨道交通运营组织. 北京：中国建筑工业出版社，2006.